Narratives

Nikolay M. Karamzin

Повести

N. M. Карамзин

Narratives

ISNB: 978-1-60444-874-0

Повести

ISNB: 978-1-60444-874-0

БЕДНАЯ ЛИЗА

Может быть, никто из живущих в Москве не знает так хорошо окрестностей города сего, как я, потому что никто чаще моего не бывает в поле, никто более моего не бродит пешком, без плана, без цели - куда глаза глядят - по лугам и рощам, по холмам и равнинам. Всякое лето нахожу новые приятные места или в старых новые красоты. Но всего приятнее для меня то место, на котором возвышаются мрачные, готические башни Си...нова монастыря. Стоя на сей горе, видишь на правой стороне почти всю Москву, сию ужасную громаду домов и церквей, которая представляется глазам в образе величественного амфитеатра: великолепная картина, особливо когда светит на нее солнце, когда вечерние лучи его пылают на бесчисленных златых куполах, на бесчисленных крестах, к небу возносящихся! Внизу расстилаются тучные, густо-зеленые цветущие луга, а за ними, по желтым пескам, течет светлая река, волнуемая легкими веслами рыбачьих лодок или шумящая под рулем грузных стругов, которые плывут от плодоноснейших стран Российской империи и наделяют алчную Москву хлебом.

На другой стороне реки видна дубовая роща, подле которой пасутся многочисленные стада; там молодые пастухи, сидя под тению дерев, поют простые, унылые песни и сокращают тем летние дни, столь для них единообразные. Подалее, в густой зелени древних вязов, блистает златоглавый Данилов монастырь; еще 'далее, почти на краю горизонта, синеются Воробьевы горы. На левой же стороне видны обширные, хлебом покрытые поля, лесочки, три или четыре деревеньки и вдали село Коломенское с высоким дворцом своим.

Часто прихожу на сие место и почти всегда встречаю там весну; туда же прихожу и в мрачные дни осени горевать вместе с природою. Страшно воют ветры в стенах опустевшего монастыря, между гробов, заросших высокою травою, и в темных переходах келий. Там, опершись на развалинах гробных камней, внимаю глухому стону времен, бездною минувшего поглощенных, - стону, от которого сердце мое содрогается и трепещет. Иногда вхожу в келий и представляю себе тех, которые в них жили, - печальные картины! Здесь вижу седого старца, преклонившего колена перед распятием и молящегося о скором разрешении земных оков своих, ибо все удовольствия исчезли для него в жизни, все чувства его умерли, кроме чувства болезни и слабости. Там юный монах - с бледным лицом, с томным взором - смотрит в поле сквозь решетку окна, видит веселых птичек, свободно плавающих в море воздуха, видит - и проливает горькие слезы из глаз своих. Он томится, вянет, сохнет - и унылый звон колокола возвещает мне безвременную смерть его. Иногда на вратах храма рассматриваю изображение чудес, в сем монастыре случившихся, там рыбы падают с неба для насыщения жителей монастыря, осажденного многочисленными врагами; тут образ богоматери обращает неприятелей в бегство. Все сие обновляет в моей памяти историю нашего отечества - печальную историю тех времен, когда свирепые татары и литовцы огнем и мечом опустошали окрестности российской столицы и когда несчастная Москва, как беззащитная вдовица, от одного бога ожидала помощи в лютых своих бедствиях.

Но всего чаще привлекает меня к стенам Си...нова монастыря воспоминание о плачевной судьбе Лизы, бедной Лизы. Ах! Я люблю те предметы, которые трогают мое сердце и заставляют меня проливать слезы нежной скорби!

Саженях в семидесяти от монастырской стены, подле березовой рощицы, среди зеленого луга, стоит пустая хижина, без дверей, без окончнн, без полу; кровля давно сгнила и обвалилась. В этой хижине лет за тридцать перед сим жила прекрасная, любезная Лиза с старушкою, матерью своею.

Отец Лизин был довольно зажиточный поселянин, потому что он любил работу, пахал хорошо землю и вел всегда трезвую жизнь. Но скоро по смерти его жена и дочь обедняли. Ленивая рука наемника худо обрабатывала поле, и хлеб перестал хорошо родиться. Они принуждены были отдать свою землю внаем, и за весьма небольшие деньги. К тому же бедная вдова, почти беспрестанно проливая слезы о смерти мужа своего - ибо и крестьянки любить умеют! - день ото дня становилась слабее и совсем не могла работать. Одна Лиза, которая осталась после отца пятнадцати лет, - одна Лиза, не щадя своей нежной молодости, не щадя редкой красоты своей, трудилась день и ночь - ткала холсты, вязала чулки, весною рвала цветы, а летом брала ягоды - и продавала их в Москве. Чувствительная, добрая старушка, видя неутомимость дочери, часто прижимала ее к слабо биющемуся сердцу, называла божескою милостию, кормилицею, отрадою старости своей и молила бога, - чтобы он наградил ее за все то, что она делает для матери.

"Бог дал мне руки, чтобы работать, - говорила Лиза, - ты кормила меня своею грудью и ходила за мною, когда я была ребенком; теперь пришла моя очередь ходить за тобою. Перестань только крушиться, перестань плакать; слезы наши не оживят батюшки".

Но часто нежная Лиза не могла удержать собственных слез своих - ах! она помнила, что у нее был отец и что его не стало, но для успокоения матери старалась таить печаль сердца своего и казаться покойною и веселою. "На том свете, любезная Лиза, - отвечала горестная старушка, - на

2

том свете перестану я плакать. Там, сказывают, будут все веселы; я, верно, весела буду, когда увижу отца твоего. Только теперь не хочу умереть - что с тобою без меня будет? На кого тебя покинуть? Нет, дай бог прежде пристроить тебя к месту! Может быть, скоро сыщется добрый человек. Тогда, благословя вас, милых детей моих, перекрещусь и спокойно лягу в сырую землю".

Прошло два года после смерти отца Лизина. Луга покрылись цветами, и Лиза пришла в Москву с ландышами. Молодой, хорошо одетый человек, приятного вида, встретился ей на улице. Она показала ему цветы - и закраснелась. "Ты продаешь их, девушка?" - спросил он с улыбкою. "Продаю", - отвечала она. "А что тебе надобно?" - "Пять копеек". - "Это слишком дешево. Вот тебе рубль". Лиза удивилась, осмелилась взглянуть на молодого человека, - еще более заскраснелась и, потупив глаза в землю, сказала ему, что она не возьмет рубля. "Для чего же?" - "Мне не надобно лишнего". - "Я думаю, что прекрасные ландыши, сорванные руками прекрасной девушки, стоят рубля. Когда же ты не берешь его, вот тебе пять копеек. Я хотел бы всегда покупать у тебя цветы; хотел бы, чтоб ты рвала их только для меня". Лиза отдала цветы, взяла пять копеек, поклонилась и хотела идти, но незнакомец остановил ее за руку: "Куда же ты пойдешь, девушка?" - "Домой". - "А где дом твой?" Лиза сказала, где она живет, сказала и пошла. Молодой человек не хотел удерживать ее, может быть для того, что мимоходящие начали останавливаться и, смотря на них, коварно усмехались.

Лиза, пришедши домой, рассказала матери, что с нею случилось. "Ты хорошо сделала, что не взяла рубля. Может быть, это был какой-нибудь дурной человек..." - "Ах нет, матушка! Я этого не думаю. У него такое доброе лицо, такой голос..." - "Однако ж, Лиза, лучше кормиться трудами своими и ничего не брать даром. Ты еще не знаешь, друг мой, как злые люди могут обидеть бедную девушку! У меня всегда сердце бывает не на своем месте, когда ты ходишь в город; я всегда ставлю свечу перед образ и молю господа бога, чтобы он сохранил тебя от всякой беды и напасти". У Лизы навернулись на глазах слезы; она поцеловала мать свою.

На другой день нарвала Лиза самых лучших ландышей и опять пошла с ними в город. Глаза ее тихонько чего-то искали.

Многие хотели у нее купить цветы, но она отвечала, что они непродажные, и смотрела то в ту, то в другую сторону. Наступил вечер, надлежало возвратиться домой, и цветы были брошены в Москву-реку. "Никто не владей вами!" - сказала Лиза, чувствуя какую-то грусть в сердца своем.

На другой день ввечеру сидела она под окном, пряла и тихим голосом

3

пела жалобные песни, но вдруг вскочил" и закричала: "Ах!.." Молодой незнакомец стоял под окном.

"Что с тобой сделалось?" - спросила испугавшаяся мать, которая подле нее сидела. "Ничего, матушка, - отвечала Лиза робким голосом, - я только его увидела". - "Кого?" - "Того господина, который купил у меня цветы". Старуха выглянула в окно.

Молодой человек поклонился ей так учтиво, с таким приятным видом, что она не могла подумать об нем ничего, кроме хорошего. "Здравствуй, добрая старушка! - сказал он. - Я очень устал; нет ли у тебя свежего молока?" Услужливая Лиза, не дождавшись ответа от матери своей - может быть, для того, что она его знала наперед, - побежала на погреб - принесла чистую кринку, покрытую чистым деревянным кружком, - схватила стакан, вымыла, вытерла его белым полотенцем, налила и подала в окно, но сама смотрела в землю. Незнакомец выпил - и нектар из рук Гебы не мог бы показаться ему вкуснее. Всякий догадается, что он после того благодарил Лизу, и благодарил не столько словами, сколько взорами.

Между тем добродушная старушка успела рассказать ему о своем горе и утешении - о смерти мужа и о милых свойствах дочери своей, об ее трудолюбии и нежности, и проч. и проч. Он слушал ее со вниманием, но глаза его были - нужно ли сказывать где? И Лиза, робкая Лиза посматривала изредка на молодого человека; но не так скоро молния блестит и в облаке исчезает, как быстро голубые глаза ее обращались к земле, встречаясь с его взором. - "Мне хотелось бы, - сказал он матери, - чтобы дочь твоя никому, кроме меня, не продавала своей работы. Таким образом, ей незачем будет часто ходить в город, и ты не принуждена будешь с нею расставаться. Я сам по временам могу заходить к вам". Тут в глазах Лизиных блеснула радость, которую она тщетно сокрыть хотела; щеки ее пылали, как заря в ясный летний вечер; она смотрела на левый рукав свой и щипала его правою рукою. Старушка с охотою приняла сие предложение, не подозревая в нем никакого худого намерения, и уверяла незнакомца, что полотно, вытканное Лизой, и чулки, вывязанные Лизой, бывают отменно хороши и носятся долее всяких других.

Становилось темно, и молодой человек хотел уже идти. "Да как же нам называть тебя, добрый, ласковый барин?" - спросила старуха. "Меня зовут Эрастом", - отвечал он. "Эрастом, - сказала тихонько Лиза, - Эрастом!" Она раз пять повторила сие имя, как будто бы стараясь затвердить его. Эраст простился с ними до свидания и пошел. Лиза провожала его глазами, а мать сидела в задумчивости и, взяв за руку дочь свою, сказала ей: "Ах, Лиза! Как он хорош и добр! Если бы жених твой был таков!" Все Лизино сердце затрепетало. "Матушка! Матушка! Как этому статься? Он барин, а между крестьянами..." - Лиза не договорила речи своей.

4

Теперь читатель должен знать, что сей молодой человек, сей Эраст был довольно богатый дворянин, с изрядным разумом и добрым сердцем, добрым от природы, но слабым и ветреным. Он вел рассеянную жизнь, думал только о своем удовольствии, искал его в светских забавах, но часто не находил: скучал и жаловался на судьбу свою. Красота Лизы при первой встрече сделала впечатление в его сердце. Он читывал романы, идиллии, имел довольно живое воображение и часто переселялся мысленно в те времена (бывшие или не бывшие), в которые, если верить стихотворцам, все люди беспечно гуляли по лугам, купались в чистых источниках, целовались, как горлицы, отдыхали под розами и миртами и в счастливой праздности все дни свои провождали. Ему казалось, что он нашел в Лизе то, чего сердце его давно искало. "Натура призывает меня в свои объятия, к чистым своим радостям", - думал он и решился - по крайней мере на время - оставить большой свет.

Обратимся к Лизе. Наступила ночь - мать благословила дочь свою и пожелала ей кроткого сна, но на сей раз желание ее не исполнилось: Лиза спала очень худо. Новый гость души ее, образ Эрастов, столь живо ей представлялся, что она почти всякую минуту просыпалась, просыпалась и вздыхала. Еще до восхождения солнечного Лиза встала, сошла на берег Москвы-реки, села на траве и, подгорюнившись, смотрела на белые туманы, которые волновались в воздухе и, подымаясь вверх, оставляли блестящие капли на зеленом покрове натуры. Везде царствовала тишина. Но скоро восходящее светило дня пробудило все творение: рощи, кусточки оживились, птички вспорхнули и запели, цветы подняли свои головки, чтобы напиться животворными лучами света. Но Лиза все еще сидела подгорюнившись. Ах, Лиза, Лиза! Что с тобою сделалось? До сего времени, просыпаясь вместе с птичками, ты вместе с ними веселилась утром, и чистая, радостная душа светилась в глазах твоих, подобно как солнце светится в каплях росы небесной; но теперь ты задумчива, и общая радость природы чужда твоему сердцу. - Между тем молодой пастух по берегу реки гнал стадо, играя на свирели. Лиза устремила на него взор свой и думала: "Если бы тот, кто занимает теперь мысли мои. рожден был простым крестьянином, пастухом, - и если бы он теперь мимо меня гнал стадо свое: ах! я поклонилась бы ему с улыбкою и сказала бы приветливо: "Здравствуй, любезный пастушок! Куда гонишь ты стадо свое? И здесь растет зеленая трава для овец твоих, и здесь алеют цветы, из которых можно сплести венок для шляпы твоей". Он взглянул бы на меня с видом ласковым - взял бы, может быть, руку мою... Мечта!" Пастух, играя на свирели, прошел мимо и с пестрым стадом своим скрылся за ближним холмом.

Вдруг Лиза услышала шум весел - взглянула на реку и увидела лодку, а в лодке - Эраста.

5

Все жилки в ней забились, и, конечно, не от страха. Она встала, хотела идти, но не могла. Эраст выскочил на берег, подошел к Лизе и - мечта ее отчасти исполнилась: ибо он *взглянул на нее с видом ласковым, взял ее за руку*... А Лиза, Лиза стояла с потупленным взором, с огненными щеками, с трепещущим сердцем - не могла отнять у него руки, не могла отворотиться, когда он приближался к ней с розовыми губами своими... Ах! Он поцеловал ее, поцеловал с таким жаром, что вся вселенная показалась ей в огне горящею! "Милая Лиза! - сказал Эраст. - Милая Лиза! Я люблю тебя!", и сии слова отозвались во глубине души ее, как небесная, восхитительная музыка; она едва смела верить ушам своим и...

Но я бросаю кисть. Скажу только, что в сию минуту восторга исчезла Лизина робость - Эраст узнал, что он любим, любим страстно новым, чистым, открытым сердцем.

Они сидели на траве, и так, что между ими оставалось не много места, - смотрели друг другу в глаза, говорили друг другу: "Люби меня!", и два часа показались им мигом. Наконец Лиза вспомнила, что мать ее может об ней беспокоиться. Надлежало расстаться. "Ах, Эраст! - сказала она. - Всегда ли ты будешь любить меня?" - "Всегда, милая Лиза, всегда!" - отвечал он. "И ты можешь мне дать в этом клятву?" - "Могу, любезная Лиза, могу!" - "Нет! Мне не надобно клятвы. Я верю тебе, Эраст, верю. Ужели ты обманешь бедную Лизу? Ведь этому нельзя быть?" - "Нельзя, нельзя, милая Лиза!" - "Как я счастлива, и как обрадуется матушка, когда узнает, что ты меня любишь!" - "Ах нет, Лиза! Ей не надобно ничего сказывать". - "Для чего же?" - "Старые люди бывают подозрительны. Она вообразит себе что-нибудь худое". - "Нельзя статься". - "Однако ж прошу тебя не говорить ей об этом ни слова". - "Хорошо: надобно тебя послушаться, хотя мне я, не хотелось бы ничего таить от нее".

Они простились, поцеловались в последний раз и обещались всякий день ввечеру видеться или на берегу реки, или в березовой роще, или где-нибудь близ Лизиной хижины, только верно, непременно видеться. Лиза пошла, но глаза ее сто раз обращались на Эраста, который все еще стоял на берегу и смотрел вслед за нею.

Лиза возвратилась в хижину свою совсем не в таком расположении, в каком из нее вышла. На лице и во всех ее движениях обнаруживалась сердечная радость. "Он меня любит!" - думала она и восхищалась сею мыслию. "Ах, матушка! - сказала Лиза матери своей, которая лишь только проснулась. - Ах, матушка! Какое прекрасное утро! Как все весело в поле! Никогда жаворонки так хорошо не певали, никогда солнце так светло не сияло, никогда цветы так приятно не пахли!" Старушка, подпираясь клюкою, вышла на луг, чтобы насладиться утром, которое Лиза такими прелестными красками описывала. Оно в самом деле показалось ей отменно приятным; любезная дочь весельем своим развеселяла для нее всю натуру. "Ах, Лиза! - говорила она. - Как все хорошо у господа бога! Шестой десяток доживаю на свете, а все еще не могу наглядеться на дела господни, не могу наглядеться на чистое небо, похожее на высокий шатер, и на землю, которая всякий год новою травою и новыми цветами покрывается. Надобно, чтобы царь небесный очень любил человека, когда он так хорошо убрал для него здешний свет. Ах, Лиза! Кто бы захотел умереть, если бы иногда не было нам горя?.. Видно, так надобно. Может быть, мы забыли бы душу свою, если бы из глаз наших никогда слезы не капали". А Лиза думала: "Ах! Я скорее забуду душу свою, нежели милого моего друга!"

После сего Эраст и Лиза, боясь не сдержать слова своего, всякий вечер виделись (тогда, как Лизина мать ложилась спать) или на берегу реки, или в березовой роще, но всего чаще под тению столетних дубов (саженях в осьмидесяти от хижины) - дубов, осеняющих глубокий чистый пруд, еще в древние времена ископанный. Там часто тихая луна, сквозь зеленые ветви, посребряла лучами своими светлые Лизины волосы, которыми играли зефиры и рука милого друга; часто лучи сии освещали в глазах нежной Лизы блестящую слезу любви, осушаемую всегда Эрастовым поцелуем. Они обнимались - но целомудренная, стыдливая Цинтия не скрывалась от них за облако: чисты и непородны были их объятия. "Когда ты, - говорила Лиза Эрасту, - когда ты скажешь мне: "Люблю тебя, друг мой!", когда прижмешь меня к своему сердцу и взглянешь на меня умильными своими глазами, ах! тогда бывает мне так хорошо, так хорошо, что я себя забываю, забываю все, кроме Эраста. Чудно! Чудно, мой друг, что я, не знав тебя, могла жить спокойно и весело! Теперь мне это непонятно, теперь думаю, что без тебя жизнь не жизнь, а грусть и скука. Без глаз твоих темен светлый месяц; без твоего голоса скучен соловей поющий; без твоего дыхания ветерок мне неприятен". Эраст восхищался своей пастушкой - так называл Лизу - и, видя, сколь она любит его, казался сам себе любезнее. Все блестящие забавы большого света представлялись ему ничтожными в сравнении с теми удовольствиями, которыми страстная дружба невинной души питала сердце его. С отвращением помышлял он о презрительном сладострастии, которым прежде упивались его чувства. "Я буду жить с Лизою, как брат с сестрою, - думал он, - не употреблю во зло любви ее и буду всегда счастлив!" Безрассудный молодой человек! Знаешь ли ты свое сердце? Всегда ли можешь отвечать за свои движения? Всегда ли рассудок есть царь чувств твоих?

Лиза требовала, чтобы Эраст часто посещал мать ее. "Я люблю ее, - говорила она, - и хочу ей добра, а мне кажется, что видеть тебя есть великое благополучие для всякого". Старушка в самом деле всегда радовалась, когда его видела. Она любила говорить с ним о покойном муже и рассказывать ему о днях своей молодости, о том, как она в первый раз встретилась с милым своим Иваном, как он полюбил ее и в какой любви, в каком согласии жил с нею. "Ах! Мы никогда не могли друг на друга наглядеться - до самого того часа, как лютая смерть подкосила ноги его. Он умер на руках моих!" Эраст слушал ее с непритворным удовольствием. Он покупал у нее Лизину работу и хотел всегда платить в десять раз дороже назначаемой ею цены, но старушка никогда не брала лишнего.

Таким образом прошло несколько недель. Однажды ввечеру Эраст долго ждал своей Лизы. Наконец пришла она, но так невесела, что он испугался; глаза ее от слез покраснели. "Лиза, Лиза! Что с тобою сделалось?" - "Ах, Эраст! Я плакала!" - "О чем? Что такое?" - "Я должна сказать тебе все. За меня сватается жених, сын богатого крестьянина из соседней деревни; матушка хочет, чтобы я за него вышла". - "И ты соглашаешься?" - "Жестокий! Можешь ли об этом спрашивать? Да, мне жаль матушки; она плачет и говорит, что я не хочу ее спокойствия, что она будет мучиться при смерти, если не выдаст меня при себе замуж. Ах! Матушка не знает, что у меня есть такой милый друг!" Эраст целовал Лизу, говорил, что ее счастие дороже ему всего на свете, что по смерти матери ее он возьмет ее к себе и будет жить с нею неразлучно, в деревне и в дремучих лесах, как в раю. "Однако ж тебе нельзя быть моим мужем!" - сказала Лиза с тихим вздохом. "Почему же?" - "Я крестьянка". - "Ты обижаешь меня. Для твоего друга важнее всего душа, чувствительная невинная душа, - и Лиза будет всегда ближайшая к моему сердцу".

Она бросилась в его объятия - и в сей час надлежало погибнуть непорочности! Эраст чувствовал необыкновенное волнение в крови своей - никогда Лиза не казалась ему столь прелестною - никогда ласки ее не трогали его так сильно - никогда ее поцелуи не были столь пламенны - она ничего не знала, ничего не подозревала, ничего не боялась - мрак вечера питал желания - ни одной звездочки не сияло на небе - никакой луч не мог осветить заблуждения. - Эраст чувствует в себе трепет - Лиза также, не зная, отчего, не зная, что с нею делается... Ах, Лиза, Лиза! Где ангел-хранитель твой? Где - твоя невинность?

Заблуждение прошло в одну минуту. Лиза не понимала чувств своих, удивлялась и спрашивала. Эраст молчал - искал слов и не находил их. "Ах, я боюсь, - говорила Лиза, - боюсь того, что случилось с нами! Мне казалось, что я умираю, что душа моя... Нет, не умею сказать этого!.. Ты молчишь, Эраст? Вздыхаешь?.. Боже мой! Что такое?" Между тем блеснула молния и грянул гром. Лиза вся задрожала. "Эраст, Эраст! - сказала она. -

Мне страшно! Я боюсь, чтобы гром не убил меня, как преступницу!" Грозно шумела буря, дождь лился из черных облаков - казалось, что натура сетовала о потерянной Лизииой невинности. Эраст старался успокоить Лизу и проводил ее до хижины. Слезы катились из глаз ее, когда она прощалась с ним. "Ах, Эраст! Уверь меня, что мы будем по-прежнему счастливы!" - "Будем, Лиза, будем!" - отвечал он. - "Дай бог! Мне нельзя не верить словам твоим: ведь я люблю тебя! Только в сердце моем... Но полно! Прости! Завтра, завтра увидимся".

Свидания их продолжались; но как все переменилось! Эраст не мог уже доволен быть одними невинными ласками своей Лизы - одними ее любви исполненными взорами - одним прикосновением руки, одним поцелуем, одними чистыми объятиями. Он желал больше, больше и, наконец, ничего желать не мог, - а кто знает сердце свое, кто размышлял о свойстве нежнейших его удовольствий, тот, конечно, согласится со мною, что исполнение всех желаний есть самое опасное искушение любви. Лиза не была уже для Эраста сим ангелом непорочности, который прежде воспалял его воображение и восхищал душу. Платоническая любовь уступила место таким чувствам, которыми он не мог гордиться и которые были для пего уже не новы. Что принадлежит до Лизы, то она, совершенно ему отдавшись, им только жила и дышала, во всем, как агнец, повиновалась его воле и в удовольствии его полагала свое счастие. Она видела в нем перемену и часто говорила ему: "Прежде бывал ты веселее, прежде бывали мы покойнее и счастливее, и прежде я не так боялась потерять любовь твою!" Иногда, прощаясь с ней, он говорил ей: "Завтра, Лиза, не могу с тобою видеться: мне встретилось важное дело", - и всякий раз при сих словах Лиза вздыхала.

Наконец пять дней сряду она не видела его и была в величайшем беспокойстве; в шестой пришел он с печальным лицом и сказал: "Любезная Лиза! Мне должно на несколько времени с тобою проститься. Ты знаешь, что у нас война, я в службе, полк мой идет в поход". Лиза побледнела и едва не упала в обморок.

Эраст ласкал ее, говорил, что он всегда будет любить милую Лизу и надеется по возвращении своем уже никогда с нею не расставаться. Долго она молчала, потом залилась горькими слезами, схватила руку его и, взглянув на него со всею нежностью любви, спросила: "Тебе нельзя остаться?" - "Могу, - отвечал он, - но только с величайшим бесславием, с величайшим пятном для моей чести. Все будут презирать меня; все будут гнушаться мною, как трусом, как недостойным сыном отечества". - "Ах, когда так, - сказала Лиза, - то поезжай, поезжай, куда бог велит! Но тебя могут убить". - "Смерть за отечество не страшна, любезная Лиза". - "Я умру, как скоро тебя не будет на свете". - "Но зачем это думать? Я надеюсь остаться жив, надеюсь возвратиться к тебе, моему другу". - "Дай бог! Дай бог! Всякий день, всякий час буду о том молиться. Ах, для чего не умею ни читать, ни писать. Ты бы уведомлял меня обо всем, что с тобою случится, а я писала бы к тебе - о слезах своих!" - "Нет, береги себя, Лиза, береги для друга твоего. Я не хочу, чтобы ты без меня плакала". - "Жестокий человек! Ты думаешь лишить меня и этой отрады! Нет! расставшись с тобою, разве тогда перестану плакать, когда высохнет сердце мое". - "Думай о приятной минуте, в которую опять мы увидимся". - "Буду, буду думать о ней! Ах, если бы она пришла скорее! Любезный, милый Эраст! Помни, помни свою бедную Лизу, которая любит тебя более, нежели самое себя!"

Но я не могу описать всего, что они при сем случае говорили. На другой день надлежало быть последнему свиданию.

Эраст хотел проститься и с Лизиною матерью, которая не могла от слез удержаться, слыша, что ласковый, пригожий барин ее должен ехать на войну. Он принудил ее взять у него несколько денег, сказав: "Я не хочу, чтобы Лиза в мое отсутствие продавала работу свою, которая, по уговору, принадлежит мне". Старушка осыпала его благословениями. "Дай господи, - говорила она, - чтобы ты к нам благополучно возвратился и чтобы я тебя еще раз увидела в здешней жизни! Авось-либо моя Лиза к тому времени найдет себе жениха по мыслям. Как бы я благодарила бога, если б ты приехал к нашей свадьбе! Когда же у Лизы будут дети, знай, барин, что ты должен крестить их! Ах! Мне бы очень хотелось дожить до этого!" Лиза стояла подле матери и не смела взглянуть на нее. Читатель легко может вообразить себе, что она чувствовала в сию минуту.

Но что же чувствовала она тогда, когда Эраст, обняв ее в последний раз, в последний раз прижав к своему сердцу, сказал: "Прости, Лиза!.." Какая трогательная картина! Утренняя заря, как алое море, разливалась по восточному небу. Эраст стоял под ветвями высокого дуба, держа в объятиях свою бедную, томную, горестную подругу, которая, прощаясь с ним, прощалась с душою своею. Вся натура пребывала в молчании.

Лиза рыдала - Эраст плакал - оставил ее - она упала - стала на колени, подняла руки к небу и смотрела на Эраста, который удалялся - далее - далее - и, наконец, скрылся - воссияло солнце, и Лиза, оставленная, бедная, лишилась чувств и памяти.

Она пришла в себя - и свет показался ей уныл и печален. Все приятности натуры сокрылись для нее вместе с любезным ее сердцу. "Ах! - думала она. - Для чего я осталась в этой пустыне? Что удерживает меня лететь вслед за милым Эрастом? Война не страшна для меня; страшно там, где нет моего друга. С ним жить, с ним умереть хочу или смертию своею спасти его драгоценную жизнь. Постой, постой, любезный! Я лечу к тебе!"

Уже хотела она бежать за Эрастом, но мысль: "У меня есть мать!" - остановила ее. Лиза вздохнула и, преклонив голову, тихими шагами пошла к своей хижине. С сего часа дни ее были днями тоски и горести, которую надлежало скрывать от нежной матери: тем более страдало сердце ее! Тогда только облегчалось оно, когда Лиза, уединяясь в густоту леса, могла свободно проливать слезы и стенать о разлуке с милым. Часто печальная горлица соединяла жалобный голос свой с ее стенанием. Но иногда - хотя весьма редко - златой луч надежды, луч утешения освещал мрак ее скорби. "Когда он возвратится ко мне, как я буду счастлива! Как все переменится!" От сей мысли прояснялся взор ее, розы на щеках освежались, и Лиза улыбалась, как майское утро после бурной ночи. Таким образом прошло около двух месяцев.

В один день Лиза должна была идти в Москву, затем чтобы купить розовой воды, которою мать ее лечила глаза свои. На одной из больших улиц встретилась ей великолепная карета, и в сей карете увидела она Эраста. "Ах!" - закричала Лиза и бросилась к нему, но карета проехала мимо и поворотила на двор. Эраст вышел и хотел уже идти на крыльцо огромного дома, как вдруг почувствовал себя в Лизиных объятиях. Он побледнел - потом, не отвечая ни слова на ее восклицания, взял ее за руку, привел в свой кабинет, запер дверь и сказал ей: "Лиза! Обстоятельства переменились; я помолвил жениться; ты должна оставить меня в покое и для собственного своего спокойствия забыть меня. Я любил тебя и теперь люблю, то есть желаю тебе всякого добра. Вот сто рублей - возьми их, - он положил ей деньги в кармай, - позволь мне поцеловать тебя в последний раз - и поди домой". Прежде нежели Лиза могла опомниться, он вывел ее из кабинета и сказал слуге: "Проводи эту: девушку со двора".

Сердце мое обливается кровью в сию минуту. Я забываю человека в Эрасте - готов проклинать его - но язык мой не движется - смотрю на него, и слеза катится по лицу моему. Ах! Для чего пишу не роман, а печальную быль?

Итак, Эраст обманул Лизу, сказав ей, что он едет в армию? Нет, он в самом деле был в армии, но, вместо того чтобы сражаться с неприятелем, играл в карты и проиграл почти все свое имение. Скоро заключили мир, и Эраст возвратился в Москву, отягченный долгами. Ему оставался один способ поправить свои обстоятельства - жениться на пожилой богатой вдове, которая давно была влюблена в него. Он решился на то и переехал жить к ней в дом, посвятив искренний вздох Лизе своей. Но все сие может ли оправдать его?

Лиза очутилась на улице, и в таком положении, которого никакое перо описать не может. "Он, он выгнал меня? Он любит другую? Я погибла!" - вот ее мысли, ее чувства! Жестокий обморок перервал их на время. Одна

11

добрая женщина, которая шла по улице, остановилась над Лизою, лежавшею на земле, и старалась привести ее в память. Несчастная открыла глаза - встала с помощию сей доброй женщины - благодарила ее и пошла, сама не зная куда. "Мне нельзя жить, - думала Лиза, - нельзя!.. О, если бы упало на меня небо! Если бы земля поглотила бедную!.. Нет! Небо не падает; земля не колеблется! Горе мне!" Она вышла из города и вдруг увидела себя на берегу глубокого пруда, под тению древних дубов, которые за несколько недель перед тем были безмолвными свидетелями ее восторгов. Сие воспоминание потрясло ее душу; страшнейшее сердечное мучение изобразилось на лице ее. Но через несколько минут погрузилась она в некоторую задумчивость - осмотрелась вокруг себя, увидела дочь своего соседа (пятнадцатилетнюю девушку), идущую по дороге - кликнула ее, вынула из кармана десять империалов и, подавая ей, сказала: "Любезная Анюта, любезная подружка! Отнеси эти деньги к матушке - они не краденые - скажи ей, что Лиза против нее виновата, что я таила от нее любовь свою к одному жестокому человеку, - к Э... На что знать его имя? - Скажи, что он изменил мне, - попроси, чтобы она меня простила, - бог будет ее помощником, поцелуй у нее руку так, как я теперь твою целую, скажи, что бедная Лиза велела поцеловать ее, - скажи, что я..." Тут она бросилась в воду. Анюта закричала, заплакала, но не могла спасти ее, побежала в деревню - собрались люди и вытащили Лизу, но она была уже мертвая.

Таким образом скончала жизнь свою прекрасная душою и телом. Когда мы там, в новой жизни увидимся, я узнаю тебя, нежная Лиза!

Ее погребли близ пруда, под мрачным дубом, и поставили деревянный крест на ее могиле. Тут часто сижу в задумчивости, опершись на вместилище Лизина праха; в глазах моих струится пруд; надо мною шумят листья.

Лизина мать услышала о страшной смерти дочери своей, и кровь ее от ужаса охладела - глаза навек закрылись. Хижина опустела. В ней воет ветер, и суеверные поселяне, слыша по ночам сей шум, говорят: "Там стонет мертвец; там стонет бедная Лиза!"

Эраст был до конца жизни своей несчастлив. Узнав о судьбе Лизиной, он не мог утешиться и почитал себя убийцею. Я познакомился с ним за год до его смерти. Он сам рассказал мне сию историю и привел меня к Лизиной могиле. Теперь, может быть, они уже примирились!

СИЕРРА-МОРЕНА

В цветущей Андалузии - там, где шумят гордые пальмы, где благоухают миртовые рощи, где величественный Гвадальквивир катит медленно свои воды, где возвышается розмарином увенчанная Сиерра-Морена[1], - там увидел я прекрасную, когда она в унынии, в горести стояла подле Алонзова памятника, опершись на него лилейною рукою своею; луч утреннего солнца позлащал белую урну и возвышал трогательные прелести нежной Эльвиры; ее русые волосы, рассыпаясь по плечам, падали на черный мрамор.

Эльвира любила юного Алонза, Алонзо любил Эльвиру и скоро надеялся быть супругом ее, но корабль, на котором плыл он из Майорки (где жил отец его), погиб в волнах моря. Сия ужасная весть сразила Эльвиру. Жизнь ее была в опасности... Наконец отчаяние превратилось в тихую скорбь и томность. Она соорудила мраморный памятник любимцу души своей и каждый день орошала его жаркими слезами.

Я смешал слезы мои с ее слезами. Она увидела в глазах моих изображение своей горести, в чувствах сердца моего узнала собственные свои чувства и назвала меня другом. Другом!.. Как сладостно было имя сие в устах любезной!

- Я в первый раз поцеловал тогда руку ее.

Эльвира говорила мне о своем незабвенном Алонзе, описывала красоту души его, свою любовь, свои восторги, свое блаженство, потом отчаяние, тоску, горесть и, наконец, - утешение, отраду, находимую сердцем ее в милом дружестве. Тут взор Эльвирин блистал светлее, розы на лице ее оживлялись и пылали, рука ее с горячностию пожимала мою руку.

Увы! В груди моей свирепствовало пламя любви: сердце мое сгорало от чувств своих, кровь кипела - и мне надлежало таить страсть свою! Я таил оную, таил долго. Язык мой не дерзал именовать того, что питала в себе душа моя: ибо Эльвира клялась не любить никого, кроме своего Алонза, клялась не любить в другой раз. Ужасная клятва! Она заграждала уста мои.

Мы были неразлучны, гуляли вместе на злачных берегах величественного Гвадальквивира, сидели над журчащими его водами, подле горестного Алонзова памятника, в тишине и безмолвии; одни сердца наши говорили. Взор Эльвирин, встречаясь с моим, опускался к земле или обращался на небо. Два вздоха вылетали, соединялись и,

---

[1] То есть Черная гора. (Примеч. автора.)

13

мешаясь с зефиром, исчезали в пространствах воздуха. Жар дружеских моих объятий возбуждал иногда трепет в нежной Эльвириной груди - быстрый огонь разливался но лицу прекрасной - я чувствовал скорое биение пульса ее - чувствовал, как она хотела успокоиться, хотела удержать стремление крови своей, хотела говорить... Но слова на устах замирали. - Я мучился и наслаждался.

Часто темная ночь застигала нас в отдаленном уединении. Звучное эхо повторяло шум водопадов, которые раздавался между высоких утесов Сиерры-Морены, в ей глубоких расселинах и долинах. Сильные ветры волновали и крутили воздух, багряные молнии вились на черном небе или бледная луна над седыми облаками восходила. - Эльвира любила ужасы натуры: они возвеличивали, восхищали, питали ее душу.

Я был с нею!.. Я радовался сгущению ночных мраков. Они сближали сердца наши, они скрывали Эльвиру от всей природы - и я тем живее, тем нераздельнее наслаждался ее присутствием.

Ах! Можно сражаться с сердцем долго и упорно, но кто победит его? - Бурное стремление яростных вод разрывает все оплоты, и каменные горы распадаются от силы огненного вещества, в их недрах заключенного. Сила чувств моих все преодолела, и долго таимая страсть излилась в нежном признании! Я стоял на коленях, и слезы мои текли рекою. Эльвира бледнела - и снова уподоблялась розе. Знаки страха, сомнения, скорби, нежной томности менялись на лице ее!..

Она подала мне руку с умильным взором. - Жестокий! - сказала Эльвира - но сладкий голос ее смягчил всю жестокость сего упрека. - Жестокий! Ты недоволен кроткими чувствами дружбы, ты принуждаешь меня нарушить обет священный и торжественный!.. Пусть же громы небесные поразят клятвопреступницу!.. Я люблю тебя!.. Огненные поцелуи мои запечатлели уста ее.

Боже мой!.. Сия минута была счастливейшею в моей жизни! Эльвира пошла в Алонзову памятнику, стала перед пим на колени и, обнимая белую урну, сказала трогательным голосом: Тень любезного Алонза! Простишь ли свою Эльвиру?.. Я клялась вечно любить тебя и вечно любить не перестану, образ твой сохранится в моем сердце, всякий день буду украшать цветами твой памятник, слезы мои будут всегда мешаться с утреннею и вечернею росою на сем хладном мраморе! - Но я клялась еще не любить никого, кроме тебя... и люблю!.. Увы! Я надеялась на сердце свое и поздно увидела опасность. Оно тосковало, - было одно в пространном мире, - искало утешения, - дружба явилась ему в венце невинности и добродетели... Ах!.. Любезная тень! простишь ли свою Эльвиру?

Любовь моя была красноречива: я успокоил милую, и все облака исчезли в ангельских очах ее. Эльвира назначила день для нашего вечного соединения, предалась нежным чувствам своим, и я наслаждался небом! - Mn гром собирался над нами... Рука моя трепещет! Все радовались в Эльвирином замке, все готовились к брачному торжеству.

Ее родственники любили меня - Андалузия долженствовала быть вторым моим отечеством!

Уже розы и лилии на алтаре благоухали, и я приблизился к оному с прелестною Эльвирою, с восторгом в душе, с сладким трепетом в сердце, уже священник готовился утвердить союз наш своим благословением - как вдруг явился незнакомец, в черной одежде, с бледным лицом, с мрачным видом; кинжал блистал в руке его. Вероломная! - сказал он Эльвире. - Ты клялась быть вечно моею и забыла свою клятву! Я клялся любить тебя до гроба: умираю... и люблю!.. Уже кровь лилась из его сердца, он вонзил кинжал в грудь свою и пал мертвый на помост храма.

Эльвира, как громом пораженная, в исступлении, в ужасе воскликнула:

Алонзо! Алонзо!.. - и лишилась памяти. - Все стояли неподвижно. Внезапность страшного явления изумила присутствующих.

Сей бледный незнакомец, сей грозный самоубийца был Алонзо. Корабль, на котором он плыл из Майорки, погиб, но алжирцы извлекли юношу из волн, чтобы оковать его цепями тяжкой неволи. Через год он получил свободу, - летел к предмету любви своей, - услышал о замужестве Эльвирином и решился наказать ее... своею смертию.

Я вынес Эльвиру из храма. Она пришла в себя, - но пламя любви навек угасло в очах и сердце ее. Небо страшно наказало клятвопреступницу, - сказала мне Эльвира, - я убийца Алонзова! Кровь его палит меня. Удались от несчастной! Земля расступилась между нами, и тщетно будешь простирать ко мне руки свои! Бездна разделила нас навеки. Можешь только взорами своими растравлять неизлечимую рану моего сердца. Удались от несчастной!

Моя горесть, мое отчаяние не могли тронуть ее - Эльвира погребла несчастного Алонза на том месте, где оплакивала некогда мнимую смерть его, и заключилась в строжайшем из женских монастырей. Увы! Она не хотела проститься со мною!.. Не хотела, чтобы я в последний раз обнял ее со всею горячностию любви и видел в глазах ее хотя одно сожаление о моей участи!

Я был в исступлении - искал в себе чувствительного сердца, но сердце, подобно камню, лежало в груди моей - искал слез и не находил их - мертвое, страшное уединение окружило меня.

День и ночь слились для глаз моих в вечный сумрак. Долго не знал я

15

ни сна, ни отдохновения, скитался по тем местам, где бывал вместе - с жестокою и несчастною; хотел найти следы, остатки, части моей Эльвиры, напечатления души ее... Но хлад и тьма везде меня встречали!

Иногда приближался я к уединенным стенам того монастыря, где заключилась неумолимая Эльвира: там грозные башни возвышались, железные запоры на вратах чернелись, вечное безмолвие обитало, и какой-то унылый голос вещал мне: Для тебя уже нет Эльвиры!

Наконец я удалился от Сиерры-Морены - оставил Андалузию, Гишпанию, Европу, - видел печальные остатки древней Пальмиры, некогда славной и великолепной, - и там, опершись на развалины, внимал глубокой, красноречивой тишине, царствующей в сем запустении и одними громами прерываемой. Там, в объятиях меланхолии, сердце мое размягчилось, - там слеза моя оросила сухое тление, - там, помышляя о жизни и смерти народов, живо восчувствовал я суету всего подлунного и сказал самому себе: Что есть жизнь человеческая? Что бытие наше? Один миг, и все исчезнет! Улыбка счастия и слезы бедствия покроются единою горстию черной земли! -Сии мысли чудесным образом успокоили мою душу.

Я возвратился в Европу и был некоторое время игралищем злобы людей, некогда мною любимых; хотел еще видеть Андалузию, Сиерру-Морену, и узнал, что Эльвира переселилась уже в обители небесные; пролил слезы на ее могиле и обтер их навеки.

Хладный мир! Я тебя оставил! - Безумные существа, человеками именуемые! Я вас оставил! Свирепствуйте в лютых своих поступлениях, терзайте, умерщвляйте друг друга! Сердце мое для вас мертво, и судьба ваша его но трогает.

Живу теперь в стране печального севера, где глаза мои в первый раз озарились лучом солнечным, где величественная натура из недр бесчувствия приняла меня в свои объятия и включила в систему эфемерного бытия, - живу в уединении и внимаю бурям.

Тихая ночь - вечный покой-святое безмолвие! К вам, к вам простираю мои объятия!

НАТАЛЬЯ, БОЯРСКАЯ ДОЧЬ

Кто из нас не любит тех времен, когда русские были русскими, когда они в собственное свое платье наряжались, ходили своею походкою, жили по своему обычаю, говорили своим языком и по своему сердцу, то есть говорили, как думали? По крайней мере, я люблю сии времена; люблю на быстрых крыльях воображения летать в их отдаленную мрачность, под сению давно истлевших вязов искать брадатых моих предков, беседовать с ними о приключениях древности, о характере давного народа русского и с нежностью целовать ручки у моих прабабушек, которые не могут насмотреться на своего почтительного правнука, не могут наговориться со мною, надивиться моему разуму, потому что я, рассуждая с ними о старых и новых модах, всегда отдаю преимущество их подкапкам и шубейкам перед нынешними bonnets[2] a la... и всеми галло-албионскими нарядами, блистающими на московских красавицах в конце осьмогонадесять века. Таким образом (конечно, понятным для всех читателей), старая Русь известна мне более, нежели многим из моих сограждан, и если угрюмая Парка еще несколько лет не перережет жизненной моей нити, то наконец не найду я и места в голове своей для всех анекдотов и повестей, рассказываемых мне жителями прошедших столетий. Чтобы облегчить немного груз моей памяти, намерен я сообщить любезным читателям одну быль или историю, слышанную мною в области теней, в царстве воображения, от бабушки моего дедушки, которая в свое время почиталась весьма красноречивою и почти всякий вечер сказывала сказки царице NN. Только страшусь обезобразить повесть ее; боюсь, чтобы старушка не примчалась на облаке с того света и не наказала меня клюкою своею за худое риторство... Ах нет! Прости безрассудность мою, великодушная тень, - ты неудобна, к такому делу! В самой земной жизни своей была ты смирна и незлобна, как юная овечка; рука твоя не умертвила здесь ни комара, ни мушки, и бабочка всегда покойно отдыхала на носу твоем: итак, возможно ли, чтобы теперь, когда ты плаваешь в море неописанного блаженства и дышишь чистейшим эфиром неба, - возможно ли, чтобы рука твоя поднялась на твоего покорного праправнука? Нет! Ты дозволишь ему беспрепятственно упражняться в похвальном ремесле марать бумагу, взводить небылицы на живых и мертвых, испытывать терпение своих читателей и, наконец, подобно вечно зевающему богу Морфею, низвергать их на мягкие диваны и погружать в глубокий сон... Ах! В самую сию минуту вижу необыкновенный свет в темном моем коридоре,

---

[2] Bonnets a la (фр.) - чепчиками в вида...

вижу огненные круги, которые вертятся с блеском и с треском и, наконец, - о чудо! - являют мне твой образ, образ неописанной красоты, неописанного величества! Очи твои сияют, как солнцы; уста твои алеют, как заря утренняя, как вершины снежных гор при восходе дневного светила, - ты улыбаешься, как юное творение в первый день бытия своего улыбалось, и в восторге слышу я сладко-гремящие слова твои: "Продолжай, любезный мой праправнук!" Так, я буду продолжать, буду; и, вооружась пером, мужественно начертаю историю Натальи, боярской дочери. Но прежде должно мне отдохнуть; восторг, в который привело меня явление прапрабабушки, утомил душевные мои силы. На несколько минут кладу перо - и сии написанные строки да будут вступлением, или предисловием.

В престольном граде славного Русского царства, в Москве белокаменной, жил боярин Матвей Андреев, человек богатый, умный, верный слуга царский и, по обычаю русских, великий хлебосол. Он владел многими поместьями и был не обидчиком, а покровителем и заступником своих бедных соседей, чему в наши просвещенные времена, может быть, не всякий поверит, но что в старину совсем не почиталось редкостию. Царь называл его правым глазом своим, и правый глаз никогда царя не обманывал. Когда ему надлежало разбирать важную тяжбу, он призывал к себе в помощь боярина Матвея, и боярин Матвей, кладя чистую руку на чистое сердце, говорил: "Сей прав (не по такому-то указу, состоявшемуся в таком-то году, но) по моей совести; сей виноват по моей совести" - и совесть его была всегда согласна с правдою и с совестью царскою. Дело решалось без замедления: правый подымал на небо слезящее око благодарности, указывая рукою на доброго государя и доброго боярина, а виноватый бежал в густые леса сокрыть стыд свой от человеков.

Еще не можем мы умолчать об одном похвальном обыкновении боярина Матвея, обыкновении, которое достойно подражания во всяком веке и во всяком царстве, а именно, в каждый дванадесятый праздник поставлялись длинные столы в его горницах, чистыми скатертьми накрытые, и боярин, сидя на лавке подле высоких ворот своих, звал к себе обедать всех мимоходящих бедных[3] людей, сколько их могло поместиться в жилище боярском; потом, собрав полное число, возвращался в дом и, указав место каждому гостю, садился сам между ними. Тут в одну минуту являлись на столах чаши и блюда, и ароматический пар горячего кушанья, как белое тонкое облако, вился над головами обедающих. Между тем хозяин ласково беседовал с гостями, узнавал их нужды, подавал им

---

[3] В истине сего уверял меня не один старый человек.

18

хорошие советы, предлагал свои услуги и наконец веселился с ними, как с друзьями. Так в древние патриархальные времена, когда век человеческий был не столь краток, почтенными сединами украшенный старец насыщался земными благами со многочисленным своим семейством - смотрел вокруг себя и, видя на всяком лице, во всяком взоре живое изображение любви и радости, восхищался в душе своей. После обеда все неимущие братья, наполнив вином свои чарки, восклицали в один голос: "Добрый, добрый боярин и отец наш! Мы пьем за твое здоровье! Сколько капель в наших чарках, столько лет живи благополучно!" Они пили, и благодарные слезы их капали на белую скатерть.

Таков был боярин Матвей, верный слуга царский, верный друг человечества. Уже минуло ему шестьдесят лет, уже кровь медленнее обращалась в жилах его, уже тихое трепетание сердца возвещало наступление жизненного вечера и приближение ночи - но доброму ли бояться сего густого непроницаемого мрака, в котором теряются дни человеческие? Ему ли страшиться его тенистого пути, когда с ним доброе сердце его, когда с ним добрые дела его? Он идет вперед бестрепетно, наслаждается последними лучами заходящего светила, обращает покойный взор на прошедшее и с радостным - хотя темным, но не менее того радостным предчувствием заносит ногу в оную неизвестность. Любовь народная, милость царская были наградою добродетелей старого боярина; но венцом его счастия и радостей была любезная Наталья, единственная дочь его. Уже давно оплакал он мать ее, которая заснула вечным сном в его объятиях, но кипарисы супружеской любви покрылись цветами любви родительской - в юной Наталье увидел он новый образ умершей, и вместо горьких слез печали воссияли в глазах его сладкие слезы нежности. Много цветов в поле, в рощах и на лугах зеленых, но нет подобного розе; роза всех прекраснее; много было красавиц в Москве белокаменной, ибо царство Русское искони почиталось жилищем красоты и приятностей, но никакая красавица не могла сравняться с Натальею - Наталья была всех прелестнее. Пусть читатель вообразит себе белизну итальянского мрамора и кавказского снега: он все еще не вообразит белизны лица ее - и, представя себе цвет зефировой любовницы, все еще не будет иметь совершенного понятия об алости щек Натальиных. Я боюсь продолжать сравнение, чтобы не наскучить читателю повторением известного, ибо в наше роскошное время весьма истощился магазин пиитических уподоблений красоты и не один писатель с досады кусает перо свое, ища и не находя новых. Довольно знать и того, что самые богомольные старики, видя боярскую дочь у обедни, забывали класть земные поклоны, и самые пристрастные матери отдавали ей преимущество перед своими дочерями. Сократ говорил, что красота телесная бывает всегда изображением душевной. Нам должно поверить Сократу, ибо он был, во-первых, искусным ваятелем (следственно, знал принадлежности красоты телесной), а во-вторых, мудрецом или любителем мудрости (следственно, знал хорошо красоту душевную). По крайней мере наша прелестная Наталья имела прелестную душу, была нежна, как горлица, невинна, как агнец, мила, как май месяц: одним словом, имела все свойства благовоспитанной девушки, хотя русские не читали тогда ни Локка "О воспитании", ни Руссова "Эмиля" - во-первых, для того, что сих авторов еще и на свете не было, а во-вторых, и потому, что худо знали грамоте, - не читали и воспитывали детей своих, как натура воспитывает травки и цветочки, то есть поили и кормили их, оставляя все прочее на произвол судьбы, но сия судьба была к ним милостива и за доверенность, которую имели они к ее всемогуществу, награждала их почти всегда добрыми детьми, утешением и подпорою их старых дней.

Один великий психолог, которого имени я, право, не упомню, сказал, что описание дневных упражнений человека есть вернейшее изображение его сердца. По крайней мере я так думаю и с дозволения моих любезных читателей опишу, как Наталья, боярская дочь, проводила время свое от восхода до заката красного солнца. Лишь только первые лучи сего великолепного светила показывались из-за утреннего облака, изливая на тихую землю жидкое, неосязаемое золото, красавица наша пробуждалась, открывала черные глаза свои' и, перекрестившись белою атласною, до нежного локтя обнаженною рукою, вставала, надевала на себя тонкое шелковое платье, камчатную телогрею и с распущенными темно-русыми волосами подходила к круглому окну высокого своего терема, чтобы взглянуть на прекрасную картину оживляемой натуры, - взглянуть на златоглавую Москву, с которой лучезарный день снимал туманный покров ночи и которая, подобно какой-нибудь огромной птице, пробужденной гласом утра, в веянии ветерка стряхивала с себя блестящую росу, - взглянуть на московские окрестности, на мрачную, густую, необозримую Марьину рощу, которая, как сизый, кудрявый дым, терялась от глаз в неизмеримом отдалении и где жили тогда все дикие звери севера, где страшный рев их заглушал мелодии птиц поющих. С другой стороны являлись Натальину взору сверкающие изгибы Москвы-реки, цветущие поля и дымящиеся деревни, откуда с веселыми песнями выезжали трудолюбивые поселяне на работы свои, - поселяне, которые и по сие время ни в чем не переменились, так же одеваются, так живут и работают, как прежде жили и работали, и среди всех изменений и личин представляют нам еще истинную русскую физиогномию. Наталья смотрела, опершись на окно, и чувствовала в сердце своем тихую радость; не умела красноречиво хвалить натуры, но умела ею наслаждаться;

20

молчала и думала: "Как хороша Москва белокаменная! Как хороши ее окружности!" Но того не думала Наталья, что сама она в утреннем своем наряде была всего прекраснее. Юная кровь, разгоряченная ночными сновидениями, красила нежные щеки ее алейшим румянцем, солнечные лучи играли на белом ее лице и, проницая сквозь черные, пушистые ресницы, сияли в глазах ее светлее, нежели на золоте. Волосы, как темно-кофейный бархат, лежали на плечах и на белой полуоткрытой груди, но скоро прелестная скромность, стыдясь самого солнца, самого ветерка, самых немых стен, закрывала ее полотном тонким. Потом будила она свою няню, верную служанку ее покойной матери. "Вставай, мама! - говорила Наталья. - Скоро заблаговестят к обедне". Мама вставала, одевалась, называла свою барышню раннею птичкою, умывала ее ключевою водой, чесала ее длинные волосы белым костяным гребнем, заплетала их в косу и украшала голову нашей прелестницы жемчужною повязкою. Таким образом снарядившись, дожидались они благовеста и, заперев замком светлицу (чтобы в отсутствие их не закрался в нее какой-нибудь недобрый человек), отправлялись к обедне. "Всякий день?" - спросит читатель. Конечно, - таков был в старину обычай - и разве зимою одна жестокая вьюга, а летом проливной дождь с грозою могли тогда удержать красную девицу от исполнения сей набожной должности. Становясь всегда в уголке трапезы, Наталья молилась богу с усердием и между тем исподлобья посматривала направо и налево. В старину не было ни клобов, ни маскарадов, куда ныне ездят себя казать и других смотреть; итак, где же, как не в церкви, могла тогда любопытная девушка поглядеть на людей?

После обедни Наталья раздавала всегда несколько копеек бедным людям и приходила к своему родителю, с нежною любовию поцеловать его руку. Старец плакал от радости, видя, что дочь его день ото дня становилась лучше и милее, и не знал, как благодарить бога за такой неоцененный дар, за такое сокровище. Наталья садилась подле него или шить в пяльцах, или плести кружево, или сучить шелк, или низать ожерелье. Нежный родитель хотел смотреть на работу ее, но вместо того смотрел на нее самое и наслаждался безмолвным умилением. Читатель! Знаешь ли ты по собственному опыту родительские чувства? Если нет, то вспомни по крайней мере, как любовались глаза твои пестрою гвоздичкою или беленьким ясмином, тобою посаженным, с каким удовольствием рассматривал ты их краски и тени и сколь радовался мыслию: "Это - мой цветок; я посадил его и вырастил!", вспомни и знай, что отцу еще веселее смотреть на милую дочь и веселее думать: "Она - моя!" После русского сытного обеда боярин Матвей ложился отдыхать, а дочь свою с ее мамою отпускал гулять или в сад, или на большой зеленый луг, где ныне возвышаются Красные ворота с трубящею Славою. Наталья рвала цветы, любовалась летающими бабочками, питалась благоуханием трав, возвращалась домой весела и покойна и принималась снова за рукоделье. Наступал вечер - новое гулянье, новое удовольствие; иногда же юные подруги приходили делить с нею часы прохлады и разговаривать о всякой всячине. Сам добрый боярин Матвей бывал их собеседником, если государственные или нужные домашние дела не занимали его времени. Седая борода его не пугала молодых красавиц; он умел забавлять их приятным образом и рассказывал им приключения благочестивого князя Владимира и могучих богатырей российских. Зимою, когда нельзя было гулять ни в саду, пи в поле, Наталья каталась в санях по городу и ездила по вечеринкам, на которые собирались одни девушки, тешиться и веселиться и невинным образом сокращать время. Там мамы и няни выдумывали для своих барышень разные табавы, играли в жмурки, прятались, хоронили золото, пели песни, резвились, не нарушая благопристойности, и смеялись без насмешек, так что скромная и целомудренная дриада могла бы всегда присутствовать на сих вечеринках. Глубокая полночь разлучала девушек, и прелестная Наталья в объятиях мрака наслаждалась покойным сном, которым всегда юная невинность наслаждается. Так жила боярская дочь, и семнадцатая весна жизни ее наступила; травка зазеленелась, цветы расцвели в поле, жаворонки запели - и Наталья, сидя поутру в светлице своей под окном, смотрела в сад, где с кусточка на кусточек порхали птички и, нежно лобызаясь своими маленькими носиками, прятались в густоту листьев. Красавица в первый раз заметила, что они летали парами - сидели парами и скрывались парами. Сердце ее как будто бы вздрогнуло - как будто бы какой-нибудь чародей дотронулся до него волшебным жезлом своим! Она вздохнула - вздохнула в другой и в третий раз - посмотрела вокруг себя - увидела, что с нею никого не было, никого, кроме старой няни (которая дремала в углу горницы на красном весеннем солнышке), - опять вздохнула, и вдруг бриллиантовая слеза сверкнула в правом глазе ее, - потом и в левом - и обе выкатились - одна капнула на грудь, а другая остановилась на румяной щеке, в маленькой нежной ямке, которая у милых девушек бывает знаком того, что Купидон целовал их при рождении. Наталья подгорюнилась - чувствовала некоторую грусть, некоторую томность в душе своей; все казалось ей не так, все неловко; она встала и опять села, наконец, разбудив свою маму, сказала ей, что сердце у нее тоскует. Старушка начала крестить милую свою барышню и с некоторыми *набожными оговорками* [4] бранить того человека, который взглянул на прекрасную Наталью нечистым глазом или похвалил ее прелести нечистым языком, не от

---

[4] Например, "Прости господи" и прочее тому подобное, что можно еще слышать и от нынешних нянюшек.

чистого сердца, не в добрый час, ибо старушка была уверена, что ее сглазили и что внутренняя тоска ее происходит ни от чего другого. Ах, добрая старушка! Хотя ты и долго жила на свете, однако ж многого не знала; не знала, что и как в некоторые лета начинается у нежных дочерей боярских; не знала... Но, может быть, и читатели (если до сей минуты они все еще держат в руках книгу и не засыпают), - может быть, и читатели не знают, что за беда случилась вдруг с нашею героинею, чего она искала глазами в горнице, отчего вздыхала, плакала, грустила. Известно, что до сего времени веселилась она, как вольная пташка, что жизнь ее текла, как прозрачный ручеек стремится по беленьким камешкам между злачных цветущих бережков; что ж сделалось с нею? Скромная Муза, поведай!.. - С небесного лазоревого свода, а может быть, откуда-нибудь и повыше, слетела, как маленькая птичка колибри, порхала, порхала по чистому весеннему воздуху и влетела в Натальино нежное сердце - *потребность любить, любить, любить*!!! Вот вся загадка; вот причина красавицыной грусти - и если она покажется кому-нибудь из читателей не совсем понятною, то пусть требует он подробнейшего изъяснения от любезнейшей ему осьминадцатилетней девушки.

С сего времени Наталья во многом переменилась - стала не так жива, не так резва - иногда задумывалась, - и хотя по-прежнему гуляла в саду и в поле, хотя по-прежнему проводила вечера с подругами, но не находила ни в чем прежнего удовольствия. Так человек, вышедший из лет детства, видит игрушки, которые составляли забаву его младенчества, - берется за них, хочет играть, но, чувствуя, что они уже не веселят его, оставляет их со вздохом. Красавица наша не умела самой себе дать отчета в своих новых, смешанных, темных чувствах. Воображение представляло ей чудеса. Например, часто казалось ей (не только во сне, но даже и наяву), что перед нею, в мерцании отдаленной зари, носится какой-то образ, прелестный, милый призрак, который манит ее к себе ангельскою улыбкою и потом исчезает в воздухе. "Ах!" - восклицала Наталья, и простертые руки ее медленно опускались к земле. Иногда же воспаленным мыслям ее представлялся огромный храм, в который тысячи людей, мужчин и женщин, спешили с радостными лицами, держа друг друга за руку. Наталья хотела также войти в него, но невидимая рука удерживала ее за одежду, и неизвестный голос говорил ей: "Стой в притворе храма; никто без милого друга не входит в его внутренность". Она не понимала сердечных своих движений, не знала, как толковать сны свои, не разумела, чего желала, но живо чувствовала какой-то недостаток в душе своей и томилась. Так, красавицы! ваша жизнь с некоторых лет не может быть счастлива, если течет она, как уединенная река в пустыне, а без милого пастушка целый свет для вас пустыня, и веселые голоса подруг, веселые голоса птичек кажутся вам печальными отзывами уединенной скуки. Напрасно, обманывая самих себя, хотите вы пустоту души своей наполнить чувствами девической дружбы, напрасно избираете лучшую из подруг своих в предмет нежных побуждений вашего сердца! Нет, красавицы, нет! Сердце ваше желает чего-то другого: оно хочет такого сердца, которое не приближалось бы к нему без сильного трепета, которое вместе с ним составляло бы одно чувство, нежное, страстное, пламенное, - а где найти его, где? Конечно, не в Дафне, конечно, не в Хлое, которые вместе с вами могут только горевать, тайно или явно, - горевать и крушиться, желая и не находя того, чего вы сами ищете и не находите в хладной дружбе, но что найдете - или в противном случае вся жизнь ваша будет беспокойным, тяжелым сном, - найдете в тени миртовой беседки, где сидит теперь в унынии, в тоске милый юноша с светло-голубыми или черными глазами и в печальных песнях жалуется на вашу наружную жестокость. Любезный читатель! Прости мне сие отступление! Не один Стерн был рабом пера своего. Обратимся снова к нашей повести.

Боярин Матвей скоро приметил, что Наталья стала пасмурнее: родительское сердце его потревожилось. Он расспрашивал ее с нежною заботливостью о причине такой перемены и, наконец, заключив, что дочь его неможет, отправил нарочного гонца к столетней тетке своей, которая жила в темноте Муромских лесов, собирала травы и коренья, обходилась более с волками и медведями, нежели с людьми русскими, и прослыла если не чародейкою, то по крайней мере велемудрою старушкою, искусною в лечении всех недугов человеческих. Боярин Матвей описал ей все признаки Натальиной болезни и просил, чтобы она посредством своего искусства возвратила внучке здравие, а ему, старику, радость и спокойствие. Успех сего посольства остается в неизвестности; впрочем, нет большой нужды и знать его. Теперь должны мы приступить к описанию важнейших приключений.

Время и в старину так же скоро летело, как ныне, и, между тем как наша красавица вздыхала и томилась, год перевернулся на оси своей: зеленые ковры весны и лета покрылись пушистым снегом, грозная царица хлада воссела на ледяной престол свой и дохнула вьюгами на русское царство, то есть зима наступила, и Наталья по своему обыкновению пошла однажды к обедне. Помолившись с усердием, она не нарочно обратила глаза свои к левому крылосу - и что же увидела? Прекрасный молодой человек, в голубом кафтане с золотыми пуговицами, стоял там, как царь среди всех прочих людей, и блестящий проницательный взор его встретился с ее взором. Наталья в одну секунду вся закраснелась, и сердце ее, затрепетав сильно, сказало ей: "Вот он!.." Она потупила глаза свои, но ненадолго; снова взглянула на красавца, снова запылала в лице своем и снова затрепетала в своем сердце. Ей казалось, что любезный призрак, который ночью и днем прельщал ее воображение, был не что иное, как образ сего молодого человека, - и потому она смотрела на него как на своего милого знакомца. Новый свет воссиял в душе ее, как будто бы пробужденной явлением солнца, но еще не пришедший в себя после многих несвязных и замешанных сновидений, волновавших ее в течение долгой ночи. "Итак, - думала Наталья, - итак, подлинно есть на свете такой милый красавец, такой человек - такой прелестный юноша?.. Какой рост! Какая осанка! Какое белое, румяное лицо! А глаза, глаза у него, как молния; я, робкая, боюсь глядеть на них. Он па меня смотрит, смотрит очень пристально - даже и тогда, когда молится. Конечно, и я знакома ему; может быть, и он, подобно мне, грустил", вздыхал, думал, думал и видел меня, - хоть темно, однако ж видел так, как я видела его в душе моей".

Читатель должен знать, что мысли красных девушек бывают очень быстры, когда в сердце у них начинает ворошиться то, чего они долго но называют именем и что Наталья в сии минуты чувствовала. Обедня показалась ей очень коротка. Няня десять раз дергала ее за камчатную телогрею и десять раз говорила ей: "Пойдем, барышня; все кончилось". Но барышня все еще не трогалась с места, для того что и прекрасный незнакомец стоял как вкопанный подле левого крылоса; они посматривали друг на друга и тихонько вздыхали. Старая мама, по слабости зрения своего, ничего не видала и думала, что Наталья читает про себя молитвы и для того нейдет из церкви. Наконец дьячок загремел ключами: тут красавица опомнилась и, видя, что церковь хотят запирать, пошла к дверям, а за нею молодой человек - она влево, он направо. Наталья раза два обступилась, раза два роняла платок и должна была ворочаться назад; незнакомец оправлял кушак свой, стоял на одном месте, смотрел на красавицу и все еще не надевал бобровой шапки своей, хотя на дворе было холодно.

Наталья пришла домой и ни о чем больше не думала, как о молодом человеке в голубом кафтане с золотыми пуговицами. Она была не печальна, однако ж и не очень весела, подобно такому человеку, который наконец узнал, в чем состоит его блаженство, но имеет еще слабую надежду им насладиться. За обедом она не ела, по обыкновению всех влюбленных, - ибо для чего не сказать нам прямо и просто, что Наталья влюбилась в незнакомца? "В одну минуту? - скажет читатель. - Увидев в первый раз и не слыхав от него ни слова?" Милостивые государи! Я рассказываю, как происходило самое дело, не сомневайтесь в истине; не сомневайтесь в силе того взаимного влечения, которое чувствуют два сердца, друг для друга сотворенные! А кто не верит симпатии, тот поди от нас прочь и не читай нашей истории, которая сообщается только для одних чувствительных душ, имеющих сию сладкую веру!

Когда боярин Матвей после обеда заснул (не на вольтеровских креслах, так, как ныне спят бояре, а на широкой дубовой лавке), - Наталья пошла с нянею в светлицу свою, села под любимым окном, вынула из кармана белый платок, хотела что-то сказать, но раздумала - взглянула на окончины, расписанные морозом, оправила жемчужную повязку на голове своей и потом, смотря себе на колени, тихим и немного дрожащим голосом спросила у няни, каков показался ей молодой человек, бывший у обедни? Старушка не понимала, о ком говорит она. Надлежало изъясниться, но легко ли это для стыдливой девушки? "Я говорю о том, - продолжала Наталья, - о том, который - который был всех лучше". Няня все еще не понимала, и красавица принуждена была сказать, что он стоял подле левого крылоса и вышел из церкви за ними. "Я не приметила его", - холодно отвечала старушка, и Наталья тихонько пожала прекрасными своими плечиками, удивляясь, как можно было его не приметить.

На другой день Наталья пришла всех ранее к обедне и вышла всех позже из церкви, но красавца в голубом кафтане там не было - на третий день также не было, и чувствительная боярская дочь не хотела ни пить, ни есть, перестала спать и насилу ходить могла, однако ж старалась таить внутреннее свое мучение как от родителя, так и от няни. Только по ночам лились слезы ее на мягкое изголовье. "Жестокий, - думала она, - жестокий! Зачем скрываешься от глаз моих, которые тебя всеминутно ищут? Разве ты хочешь безвременной смерти моей? Я умру, умру - и ты не выронишь ни слезки на гробе злосчастной!" Ах! Для чего самая нежнейшая, самая пламеннейшая из страстей родится всегда с горестию, ибо какой влюбленный не вздыхает, какой влюбленный не тоскует в первые дни страсти своей, думая, что его не любят взаимно?

На четвертый день Наталья опять пошла к обедне, несмотря ни на слабость свою, ни на жестокий мороз, ни на то, что боярин Матвей, приметив накануне необыкновенную бледность ее лица, просил ее беречь себя и не выходить со двора в холодное время. Еще никого не было в церкви. Красавица, стоя на своем месте, смотрела на двери. Вошел первый человек - не он! Вошел другой - не он! Третий, четвертый - все не он! Вошел пятый, и все жилки затрепетали в Наталье - это он, тот красавец, которого образ навсегда в душе ее впечатлелся! От сильного внутреннего волнения она едва не упала и должна была опереться на плечо няни своей. Незнакомец поклонился на все четыре стороны, а ей особливо, и притом гораздо ниже и почтительнее, нежели прочим. Томная бледность изображалась на его лице, но глаза его сияли еще светлее прежнего; он смотрел почти беспрестанно на прелестную Наталью (которая от нежных чувств стала еще прелестнее) и вздыхал так неосторожно, что она приметила движение груди его и, невзирая на свою скромность, угадывала причину. Любовь, надеждою оживляемая, алела в сию минуту на щеках милой нашей красавицы, любовь сияла в ее взорах, любовь билась в ее сердце, любовь подымала руку ее, когда она крестилась. Час обедни был для нее одною блаженною секундою. Все стали выходить из церкви; она вышла после всех, а с нею и молодой человек. Вместо того чтобы идти опять в другую сторону, он пошел уже следом за Натальею, которая поглядывала на него и через правое и через левое плечо свое. Чудное дело! Любовники никогда не могут насмотреться друг на друга, подобно как алчный корыстолюбец не может никогда насытиться золотом. У ворот боярского дому Наталья в последний раз взглянула на красавца и нежным взором сказала ему: "Прости, милый незнакомец!" Калитка хлопнула, и Наталье послышалось, что молодой человек вздохнул; по крайней мере она сама вздохнула. Старушка няня была на сей раз приметливее и, не дождавшись еще ни слова Натальи, начала говорить о незнакомом красавце, который провожал их от церкви. Она хвалила его с великим жаром, доказывала, что он похож на ее покойного сына, не сомневалась в знатном роде его и желала барышне своей такого супруга. Наталья радовалась, краснелась, задумывалась, отвечала: "Да!", "Нет!" - и сама не знала, что отвечала.

На другой, на третий день опять ходили к обедне, видели, кого видеть желали, - возвращались домой и у ворот говорили нежным взором: "Прости!" Но сердце красной девушки есть удивительная вещь: чем оно довольно ныне, тем недовольно завтра - все более и более, и желаниям конца нет. Таким образом, и Наталье показалось уже мало того, чтобы смотреть на прекрасного незнакомца и видеть нежность в глазах его; ей захотелось слышать его голос, взять его за руку, быть поближе к его сердцу и проч. Что делать? Как быть? Такие желания искоренять трудно, а когда они не исполняются, красавице бывает грустно. Наталья опять принялась за слезы. Судьба, судьба! Ужели ты не сжалишься над нею? Ужели захочешь, чтобы светлые глаза ее от слез померкли? Посмотрим, что будет.

Однажды перед вечером, когда боярина Матвея не было дома, Наталья увидела в окно, что калитка их растворилась - вошел человек в голубом кафтане, и работа выпала из рук Натальиных, ибо сей человек был прекрасный незнакомец. "Няня! - сказала она слабым голосом. - Кто это?" Няня посмотрела, улыбнулась и вышла вон.

"Он здесь! Няня усмехнулась, пошла к нему, верно, к нему - ах, боже мой! Что будет?" - думала Наталья, смотрела в окно и видела, что молодой

27

человек вошел уже в сени. Сердце ее летело к нему навстречу, но робость говорила ей: "Останься!" Красавица повиновалась сему последнему голосу, только с мучительным принуждением, с великою тоскою, ибо всего несноснее противиться влечению сердца. Она вставала, ходила, бралась за то и за другое, и четверть часа показалась ей годом. Наконец дверь растворилась, и скрип ее потряс Натальину душу. Вошла няня - взглянула на барышню, улыбнулась и - не сказала ни слова. Красавица также не начинала говорить и только одним робким взором спрашивала: "Что, няня? Что?" Старушка как будто бы веселилась ее смущением, ее нетерпением - долго молчала и спустя уже несколько минут сказала ей: "Знаешь ли, барышня, что этот молодой человек болен?" - "Болен? Чем?" - спросила Наталья, и цвет в лице ее переменился. "Очень болен, - продолжала няня, - у него так болит сердце, что бедный не может ни пить, ни есть, бледен как полотно и насилу ходит. Ему сказали, что у меня есть лекарство на эту болезнь, и для того 'он прибрел ко мне, плачет горькими слезами и просит, чтоб я помогла ему. Поверишь ли, барышня, что у меня слезы на глазах навернулись? Такая жалость!" - "Что же, няня? Дала ли ты ему лекарство?" - "Нет, я велела подождать". - "Подождать? Где?" - "В наших сенях". - "Можно ли? Там превеликий холод; со всех сторон несет, а он болен!" "Что ж мне делать? Внизу у нас такой чад, что он может угореть до смерти; куда ж его вести, пока изготовлю лекарство? Разве сюда? Разве прикажешь ему войти в терем? Это будет доброе дело, барышня; он человек честный - станет за тебя богу молиться и никогда не забудет твоей милости. Теперь же батюшки нет дома - сумерки, темно - никто не увидит, и беды никакой нет: ведь только в сказках мужчины бывают страшны для красных девушек! Как думаешь, сударыня?" Наталья (не знаю отчего) дрожала и прерывающимся голосом отвечала ей: "Я думаю... как хочешь... ты лучше моего знаешь". Тут няня отворила дверь - и молодой человек бросился к ногам Натальиным. Красавица ахнула, и глаза ее на минуту закрылись; белые руки повисли, и голова приклонилась к высокой груди. Незнакомец осмелился поцеловать ее руку, в другой, в третий раз - осмелился поцеловать красавицу в розовые губы, в другой, в третий раз, и с таким жаром, что мама испугалась и закричала: "Барин! Барин! Помни уговор!" Наталья открыла черные глаза свои, которые прежде всего встретились с черными глазами незнакомца, ибо они в сию минуту были к ним всего ближе; и в тех и в других изображались пламенные чувства, любовию кипящее сердце. Наталья с трудом могла приподнять голову, чтобы вздохом облегчить грудь свою. Тогда молодой человек начал говорить - не языком романов, но языком истинной чувствительности; сказал простыми, нежными, страстными словами, что он увидел и полюбил ее, полюбил так, что не может быть счастлив и не хочет жить без взаимной ее любви. Красавица молчала;

28

только сердце и взоры говорили - но недоверчивый незнакомец желал еще словесного подтверждения и, стоя на коленях, спросил у нее: "Наталья, прекрасная Наталья! Любишь ли меня? Твой ответ решит судьбу мою: я могу быть счастливейшим человеком на свете, или шумящая Москва-река будет гробом моим". - "Ах, барышня! - сказала жалостливая няня. - Отвечай скорее, что он тебе нравен! Ужели захочешь погубить его душу?" - "Ты мил сердцу моему, - произнесла Наталья нежным голосом, положив руку на плечо его. - Дай бог, - примолвила она, подняв глаза на небо и обратив их снова на восхищенного незнакомца, - дай бог, чтоб я была столько же мила тебе!" Они обняли друг друга; казалось, что дыхание их остановилось. Кто видал, как в первый раз целомудренные любовники обнимаются, как в первый раз добродетельная девушка целует милого друга, забывая в первый раз девическую стыдливость, пусть тот и вообразит себе сию картину; я не смею описывать ее, но она была трогательна - сама старая няня, свидетельница такого явления, выронила капли две слез и забыла напомнить любовнику об уговоре, но богиня непорочности присутствовала невидимо в Натальином тереме.

После первых минут немого восторга молодой человек, смотря на красавицу, залился слезами. "Ты плачешь?" - сказала Наталья нежным голосом, приклонив голову свою к его плечу. "Ах! Я должен открыть тебе мое сердце, прелестная Наталья![5] - отвечал он. - Оно еще не совершенно уверено в своем счастии". - "Что же ему надобно?" - спросила Наталья и с нетерпением ожидала ответа. "Обещай, что ты исполнишь мое требование". - "Скажи, скажи, что такое? Исполню, все сделаю, что велишь мне". - "В нынешнюю ночь, когда зайдет месяц, - в то время, как поют первые петухи, - я приеду в санях к вашим воротам, ты должна ко мне выйти и ехать со мною; вот чего от тебя требую!" - "Ехать? В нынешнюю ночь? Куда?" - "Сперва в церковь, где мы обвенчаемся, а потом туда, где я живу", - "Как? Без ведома отца моего? Без его благословения?" - "Без его ведома, без его благословения, или я погиб!" - "Боже мой!.. Сердце у меня замерло. Уехать тихонько из дому родительского? Что же будет с батюшкою? Он умрет с горя, и на душе моей останется страшный грех. Милый друг! Для чего нам не броситься к ногам его? Он полюбит тебя, благословит и сам отпустит нас в церковь". - "Мы бросимся к ногам его, но через некоторое время. Теперь он не может согласиться на брак наш. Самая жизнь моя будет в опасности, когда меня узнают". - "Когда тебя узнают? Тебя, милого душе моей?.. Боже мой! Как люди злы, если ты говоришь правду! Только я не могу поверить. Скажи мне, как тебя зовут?"

---

[5] Читатель догадается, что старинные любовники говорили не совсем так, как здесь говорят они; но тогдашнего языка мы не могли бы теперь и понимать. Надлежало только некоторым образом подделаться под древний колорит.

- "Алексеем". - "Алексеем? Я всегда любила это имя. Что ж беды, если тебя узнают?" - "Все будет тебе известно, когда ты согласишься сделать меня счастливым. Прелестная, милая Наталья! Время проходит, мне нельзя быть долее с тобою. Чтобы родитель твой, которого я сам люблю и почитаю за добрые дела его, - чтобы родитель твой не сокрушался и не почитал дочери своей погибшею, я напишу к нему письмо и уведомлю, что ты жива и что он может скоро увидеть тебя. Скажи, скажи, чего ты хочешь: жизни моей или смерти?" При сих словах, произнесенных твердым голосом, он встал и смотрел огненными, пламенными глазами на красавицу. "Ты меня спрашиваешь? - сказала она с чувствительностью. - Разве я не обещала тебе повиноваться? С самого младенчества привыкла я любить моего родителя, потому что и он любит меня, очень, очень любит (тут Наталья обтерла платком слезы свои, которые одна за другою капали из глаз ее), - тебя знаю недавно, а люблю еще больше: как это случилось, не знаю". Алексей обнял ее с новым восхищением, снял золотой перстень с руки своей, надел его на руку Наталье, сказал: "Ты моя!" - и скрылся, как молния. Старушка няня проводила его со двора.

Вместе с читателем мы искренне виним Наталью, искренне порицаем ее за то, что она, видев только раза три молодого человека и услышав от него несколько приятных слов, вдруг решилась бежать с ним из родительского дому, не зная куда, - поручить судьбу свою незнакомому человеку, которого, по собственным речам его, можно было счесть подозрительным, - а что всего более - оставить доброго, чувствительного, нежного отца... Но такова ужасная любовь! Она может сделать преступником самого добродетельнейшего человека! И кто, любив пламенно в жизни своей, не поступил ни в чем против строгой нравственности, тот - счастлив! Счастлив тем, что страсть его не была в противоположности с добродетелью, - иначе последняя признала бы слабость свою и слезы тщетного раскаяния полились бы рекою. Летописи человеческого сердца уверяют нас в сей печальной истине.

Что принадлежит до няни, то молодой человек (после того как он увидел Наталью в церкви) нашел способ переговорить с нею и склонил ее на свою сторону разными пышными обещаниями и подарками. Увы! Люди, а особливо под старость, бывают падки на серебро и золото. Старушка забыла то, что она более сорока лет служила беспорочно и верно в доме боярина Матвея, - забыла и продала себя незнакомцу. Однако ж, по остатку честности, взяла с него слово жениться на прекрасной Наталье и до того времени не употреблять во зло ее любви и невинности.

Наталья, по уходе своего любовника, стояла несколько минут неподвижно; на лице ее видны были знаки сильных душевных движений, но не сомнения, не колеблемости, - ибо она уже решилась! И хотя тихий голос из глубины сердца, как будто бы из отдаленной пещеры, спрашивал ее: "Что ты делаешь, безрассудная?", но другой голос, гораздо сильнейший, в том же самом сердце отвечал за нее: "Люблю!"

Няня возвратилась и старалась успокоить Наталью, говоря ей, что она будет супругою молодого красавца и что жена, по самому закону, должна все оставить и все забыть для мужа своего. "Забыть? - прервала Наталья, вслушавшись в последние слова. - Нет! Я буду помнить моего родителя, буду всякий день об нем молиться. К тому же он сказал, что мы скоро бросимся к ногам батюшкиным, - не так ли, няня?" - "Конечно, барышня! - отвечала старушка. - А что он сказал, то будет". - "Верно, будет!" - сказала Наталья, и лицо ее стало веселее.

Боярин Матвей возвратился домой поздно и, думая, что дочь его уже спит, не зашел к ней в терем. Полночь приближалась - Наталья думала не обо сне,, а об милом друге, которому навеки отдала она сердце свое и которого с нетерпением ожидала к себе. Еще месяц сиял на небе - месяц, которым прежде глаза ее всегда веселились, теперь он стал ей неприятен; теперь думала красавица: "Как медленно катишься ты по круглому небу? Зайди скорее, месяц светлый! Он, он приедет за мною, когда ты сокроешься!" Луна опустилась - уже часть ее зашла за круг земной - мрак в воздухе сгустился - петухи запели - месяц исчез, и серебряным кольцом брякнули в боярские ворота. Наталья вздрогнула. "Ах, няня! Беги, беги скорее; он приехал!" Через минуту явился молодой человек, и Наталья бросилась в его объятия. "Вот письмо к твоему родителю", - сказал он, показав бумагу. "Письмо к моему родителю? Ах! Прочти его! Я хочу слышать, что ты написал". Молодой человек развернул бумагу и прочитал следующие строки: "Я люблю милую дочь твою боле всего на свете - ты не согласился бы отдать ее за меня - она едет со мною - прости нас! - Любовь всего сильнее - может быть, со временем я буду достоин называться зятем твоим". Наталья взяла письмо и, хотя не умела читать, однако же смотрела на него, и слезы лились из глаз ее. "Напиши, - сказала она, - напиши еще, что я прошу его не плакать, не крушиться, и что эта бумага мокра от слез моих; напиши, что я не вольна сама в себе и чтобы он или забыл, или простил меня".

Молодой человек вынул из кармана перо и чернильницу - написал, что говорила Наталья, и оставил письмо на столе. Потом красавица, надев лисью шубу свою, помолившись богу, взяв с собою тот образ, которым благословила ее покойная мать, и подав руку счастливому любовнику, вышла из терема, сошла с высокого крыльца, со двора, - взглянула на родительский дом, обтерла последние слезы, села в сани, прижалась к милому и сказала: "Вези меня куда хочешь!" Кучер ударил по лошадям, и лошади помчались, но вдруг раздался жалобный голос: "Меня покинули,

31

меня, бедную, несчастную!" Молодой человек оглянулся и увидел бегущую няню, которая оставалась на минуту в светлице, чтобы прибрать некоторые из драгоценных Натальиных вещей и которую наши любовники совсем было забыли. Лошадей удержали, посадили старушку, снова поскакали м через четверть часа выехали из Москвы. На правой стороне дороги, вдали, светился огонек; туда поворотили, и Наталья увидела деревянную, низенькую церковь, занесенную снегом. Алексей (читатель не забыл имени молодого человека) - Алексей ввел любовницу свою во внутренность сего ветхого храма, освещенного одною маленькою, слабо горящею лампадою. Там встретил их старый священник, согбенный бременем лет, и дрожащим голосом сказал им: "Я долго ждал вас, любезные дети! внук мой уже заснул". Он разбудил мальчика, в углу церкви спавшего, поставил любовников перед налой и начал их венчать. Мальчик читал, пел, что надобно, с удивлением глядел на жениха и невесту и дрожал при всяком порыве ветра, который шумел в худое окно церкви. Алексей и Наталья молились усердно и, произнося обет свой, смотрели друг на друга с умилением и сладкими слезами. По совершении обряда престарелый священник сказал новобрачным: "Я не знаю и не спрашиваю, кто вы, но именем великого бога, которого нам и мрак ночи и шум бури проповедует (в сие мгновение страшно зашумел ветер), - именем непостижимого, ужасного для злых, для добрых милосердного, обещаю вам благоденствие в жизни, если вы будете всегда любить друг друга, ибо любовь супружеская есть любовь святая, божеству приятная, и кто соблюдает ее в чистом сердце - в нечистом же она жить не может, - тот приятен всевышнему. Грядите с миром и помните слова мои!" Новобрачные приняли благословение от старца, поцеловали руку его, поцеловали друг друга, вышли из церкви и поехали.

Ветер заносил дорогу, но резвые кони летели как молния - ноздри их дымились, пар вился столбом, и пушистый снег от копыт их подымался вверх облаками. Скоро путешественники наши въехали в темноту леса, где совсем не было дороги. Старушка няня дрожала от страха, но прекрасная Наталья, чувствуя подле себя милого друга, ничего не боялась. Молодой супруг отводил рукою все ветви и сучья, которые грозили уколоть белое лицо супруги его. Он держал ее в своих объятиях, когда сани опускались в глубину сугробов, и жаркими поцелуями удалял холод от нежных роз, которые цвели на устах ее. Около четырех часов ездили они по лесу, пробираясь сквозь ряды высоких дерев. Уже лошади начинали утомляться и с трудом вытаскивали ноги свои из глубин снежных; сани двигались медленно, и наконец Наталья, пожав руку своего любезного, тихим голосом спросила у него: "Скоро ли мы приедем?" Алексей посмотрел вокруг себя, на вершины дерев, и сказал, что жилище его недалеко. В самом деле, через несколько минут выехали они на узкую равнину, где стоял маленький домик, обнесенный высоким забором. Навстречу к ним вышли пять или шесть человек с пуками зажженной лучины и вооруженные длинными ножами, которые висели у них на кушаках.

Старушка няня, видя сие дикое, уединенное жилище посреди непроходимого леса, видя сих вооруженных людей и приметив на лицах их нечто суровое и свирепое, пришла в ужас, сплеснула руками и закричала: "Ахти! Мы погибли! Мы в руках - у разбойников!"

Теперь мог бы я представить страшную картину глазам читателей - прельщенную невинность, обманутую любовь, несчастную красавицу во власти варваров, убийц, жену атамана разбойников, свидетельницею ужасных злодейств и, наконец, после мучительной жизни, издыхающую на эшафоте под секирою правосудия, в глазах несчастного родителя; мог бы представить все сие вероятным, естественным, и чувствительный человек пролил бы слезы горести и скорби - но в таком случае я удалился бы от исторической истины, на которой основано мое повествование. Нет, любезный читатель, нет! На сей раз побереги слезы свои - успокойся - старушка няня ошиблась - Наталья не у разбойников!

Наталья не у разбойников!.. Но кто же сей таинственный молодой человек, или, говоря языком оссианским, *сын опасности и мрака*, живущий во глубине лесов? Прошу читать далее.

Наталья потревожилась восклицанием няни, схватила Алексея за руку и, смотря ему в глаза с некоторым беспокойством, но с полною доверенностью к любимцу души своей, спросила: "Где мы?" Молодой человек взглянул со гневом на старушку, потом, устремив нежный взор на милую Наталью, отвечал ей с улыбкою: "Ты у добрых людей - не бойся". Наталья успокоилась, ибо тот, кого она любила, велел ей успокоиться!

Вошли в домик, разделенный на две половины. "Здесь живут люди мои, - сказал Алексей, указывая направо, - а здесь - я". В первой горнице висели мечи и бердыши, шишаки и панцири, а в другой стояла высокая кровать, и перед иконою богоматери горела лампада. Наталья тут же поставила и свой образ, помолилась и, взглянув умильно на Алексея, низехонько поклонилась ему, как хозяину в доме. Молодой супруг снял с красавицы лисью шубу, дыханием своим отогрел ее руки, посадил ее на дубовую лавку, смотрел на прелестную и плакал от радости. Милая Наталья вместе с ним плакала, ибо нежность и счастие имеют также слезы свои...

Красавица забыла любопытство, или, лучше сказать, она совсем не имела его, зная то, что милый душе ее не может быть злым человеком. Ах! Если бы все люди, сколько их было тогда в Русском царстве, в один голос сказали Наталье: "Алексей - злодей!", она бы с тихою улыбкою отвечала им: "Нет!.. Сердце мое знает его лучше, нежели вы; сердце мое говорит, что он всех любезнее, всех добрее. Я вас не слушаю".

Но Алексей сам говорить начал. "Любезная Наталья! - сказал он. - Тайна жизни моей должна тебе открыться. Воля всевышнего соединила нас навеки; ничто уже не может разорвать союза нашего. Супруг не должен ничего скрывать от супруги своей. Итак, знай, что я сын несчастного боярина Любославского". - "Любославского? Возможно ли? Батюшка сказывал мне, что он пропал без вести". - "Его уже нет на свете! Выслушай. Ты не помнишь, но, конечно, слыхала о тех волнениях и бунтах, которые лет за тридцать перед сим возмущали спокойствие нашего царства. Некоторые из знатнейших честолюбивых бояр восстали против законной власти юного государя, но скоро гнев божеский наказал мятежников - рассеялись, как прах, многочисленные их сообщники, и кровь главных бунтовщиков пролилась на лобном месте. Родитель мой по некоторому подозрению, но совершенно ложному, взят был под стражу. Он имел неприятелей, злых и коварных; представили доказательства мнимой его измены и согласия с мятежниками; отец мой клялся в своей невинности, но обстоятельства осуждали его, и рука вышнего судии готова была подписать ему смерть... надежда исчезала в душе невинного - один всевышний мог спасти его - и спас. Верный друг отворил ему дверь темницы - и родитель мой скрылся, взяв с собою самых усерднейших слуг и меня, двенадцатилетнего сына своего. В пределах России не было для нас безопасности, мы удалились в ту страну, где река Свияга вливается в величественную Волгу и где многочисленные народы поклоняются лжепророку Магомету - народы суеверные, но страннолюбивые. Они приняли нас дружески, и мы около десяти лет жили с ними, не имели ни в чем недостатка, но беспрестанно горевали о своем отечестве; сидели на высоком берегу Волги и, смотря на ее волны, несущиеся от стран Российских, проливали жаркие слезы; всякая птица, летевшая с запада[6], казалась нам милее; всякую птицу, на запад летевшую, провожали мы глазами и - вздохами. Между тем отец мой ежегодно посылал в Москву тайного гонца и получал письма от своего друга, которые всегда подавали ему надежду, что невинность наша рано или поздно откроется и что мы с честию можем возвратиться в отечество. Но скорбь иссушила сердце моего родителя, силы его исчезали, и глаза покрывались густым мраком. Без ужаса чувствовал он приближение конца своего - благословил меня - и, сказав: "Бог и друг наш не оставят тебя", умер в моих объятиях. Не буду говорить тебе о горести бедного сироты; несколько -месяцев глаза мои не просыхали. Я уведомил друга нашего о моем несчастии; в ответе своем,

<hr>

[6] То есть от России.

изъявляя душевную скорбь о кончине невинного страдальца, умершего в стране иноплеменных и погребенного в земле нехристианской, сей благодетельный друг звал меня в Россию. "Верстах в сорока от Москвы, - писал он, - в дремучем, непроходимом лесу, построил я уединенный домик, не известный никому, кроме меня и надежных людей моих. Там будешь ты жить до времени в совершенной безопасности. Посланный знает сие место". Я изъявил благодарность мою гостеприимным жителям волжских берегов, простился с зеленою могилою родителя моего, поцеловал и оросил слезою каждый цветочек, каждую травку, на ней растущую, возвратился с верными слугами в пределы России, облобызал отечественную землю - ив густоте темного леса, на узкой равнине, нашел сей пустынный домик, где ты теперь со мною, любезная Наталья. Здесь встретил меня седой старец и сказал дрожащим голосом: "Ты сын боярина Любославского! Господин мой, верный друг его - тот, кто хотел быть вторым отцом твоим и строил для тебя сие жилище, - скончался! Но он помнил о сироте при кончине своей. Здесь найдешь все нужное для жизни; найдешь сокровища: они твои". Я поднял глаза на небо; молчал - и слезы мои катились градом. "Кто будет моим помощником? - думал я. - Моим наставником? Я один в свете!.. Всевышний! Ты, кому поручил меня родитель мой! Не оставь бедного!"

Я поселился в пустыне; видел у себя множество серебра и золота, но нимало им не утешался. Через несколько дней захотелось мне побывать в царственном граде, где никто не мог узнать меня. Старый служитель моего благодетеля указал мне на деревах разные меты, которые вели к большой Московской дороге и которые никому, кроме нас, не могли быть понятны. Я увидел блестящие главы церквей, народное множество, огромные домы, все чудеса великого града, и радостные слезы сверкнули в глазах моих. Златые дни младенчества, дни невинности и забавы, проведенные мною в русской столице, представились моим мыслям как веселое сновидение. Я искал нашего бывшего дому и нашел одни пустые стены, в которых порхали летучие мыши... Хладный ужас разлился по моей внутренности.

Потом я часто бывал в Москве, останавливаясь в одной тихой гостинице и называя себя иногородним купцом, часто видал государя, отца народного, часто слыхал о благодеяниях родителя твоего, когда бояре, собираясь на площади против соборной церкви, рассказывали друг другу все добрые и похвальные дела, украшавшие столицу. Возвращаясь в пустыню, я сражался с дикими зверями, которых мы должны были истреблять для собственной нашей безопасности, но часто, выпуская из рук добычу, упадал на землю и проливал слезы. Везде было мне грустно - в пустом лесу и среди народа. С горестию ходил я по улицам царственного града и смотря на людей, которые встречались со мною, думал: "Они идут к родным и ближним, их дожидаются, им будут рады - мне идти не к кому, меня никто не дожидается, никто о сироте не думает!" Иногда хотелось мне броситься к ногам государя, уверить его в невинности отца моего, в моей верности к царю благочестивому и поручить его милосердию судьбу мою; но какая-то могущественная невидимая рука не допускала меня исполнить сего намерения.

Пришла мрачная осень, пришла скучная зима: лесное уединение сделалось для меня еще несноснее. Я чаще прежнего стал ездить в город и - увидел тебя, прекрасная Наталья. Ты показалась мне ангелом божиим... Нет! Говорят, что сияние ангелов ослепляет глаза человеческие и что на них нельзя смотреть долго, а мне хотелось беспрестанно глядеть на тебя. Я видал прежде многих красавиц, дивился их прелестям и часто думал: "Господь бог не сотворил ничего лучше красных московских девушек", но глаза мои на них смотрели, а сердце молчало и не трогалось - они казались мне *чужими*. Ты же первым взглядом влила какой-то огонь в мое сердце, первым взглядом привлекла к себе душу мою, которая тотчас полюбила тебя, как родную свою. Мне хотелось броситься и прижать тебя к моей груди так крепко, чтобы ничто уже не могло разлучить нас. Ты ушла, и мне показалось, что красное солнце закатилось и ночь наступила. Я стоял на улице и не чувствовал снега, который на меня сыпался; наконец я пришел в себя - стал расспрашивать и, узнав, кто ты, возвратился в свою гостиницу и размышлял о милой дочери боярина Матвея. Батюшка часто говаривал мне о любви, которую почувствовал он к матери моей, увидев ее в первый раз, и которая не давала ему покоя до самого того времени, как их повели в церковь. "Со мною то же делается, - думал я, - и мне нельзя быть ни покойным, ни счастливым без милой Натальи. Но как надеяться? Любимый царский боярин захочет ли выдать дочь свою за такого человека, которого отец почитается преступником? Правда, если бы она полюбила меня... с нею и пустыня лучше Москвы белокаменной. Может быть, ошибаюсь - только мне казалось, что она взглядывала на меня ласково... Но я, верно, ошибаюсь. Как этому быть? Такое счастье не вдруг приходит!" Наступила ночь - и прошла, но глаза мои сном не смыкались. Ты беспрестанно была передо мною или в душе моей - крестилась белою рукою своею и прятала ее под соболью шубейку. На другой день почувствовал я сильную боль в голове и превеликую слабость, которая заставила меня около двух суток пролежать на постели". - "Так! - прервала Наталья. - Так! Я это знала; сердце мое тосковало недаром. Ни на другой, ни на третий день не было тебя у обедни".

"Однако ж и самая болезнь не мешала мне о тебе думать. Один из слуг был в доме твоего родителя, виделся с твоею нянею и уговорил ее прийти ко мне в гостиницу. Я открыл старушке любовь мою, просил, кланялся, уверял в моей благодарности - наконец она согласилась быть мне помощницею. Прочее ты знаешь. Я видел тебя в церкви - иногда льстился быть любимым, примечая в глазах твоих нежную умильность и краску на лице твоем, когда встречались наши взоры, - наконец решился узнать судьбу мою - упал к ногам твоим, и бедный сирота стал счастливейшим человеком в свете. Мог ли я после твоего признания расстаться с тобою? Мог ли жить под другим кровом и всякий час беспокоиться и всякий час думать: "Жива ли она? Не угрожают ли ей какие опасности? Не тоскует ли ее сердце? Ах! Не сватается ли за прекрасную какой-нибудь жених, богатый и знатный?" Нет, нет! Мне оставалось умереть или жить с тобою! Священник загородной церкви, который нас венчал, был не подкуплен, а упрошен мною: слезы мои тронули старца.

Теперь известно тебе, кто супруг твой; теперь совершились все мои желания. Грусть, скука! Простите! Для вас уже нет места в уединенном моем домике. Милая Наталья любит меня, милая Наталья со мною! Но я вижу томность в глазах твоих, тебе надобно успокоиться, любезная души моей. Ночь проходит, и скоро утренняя заря покажется на небе".

Алексей поцеловал Натальину руку. Красавица вздохнула. "Ах! Для чего нет с нами батюшки! - сказала она, прижавшись к сердцу супруга. - Когда мы с ним увидимся? Когда он благословит нас? Когда я при нем поцелую тебя, сердечного друга моего?" - "Тот, - отвечал Алексей, - тот милостивый бог, который дал мне тебя, верно все для нас сделает. Положимся на него: он пошлет нам случай упасть к ногам твоего родителя и принять его благословение".

Сказав сии слова, он встал и вышел в переднюю горницу. Там сидели люди его с нянею, которая (уверившись, что они не разбойники и что длинные ножи служат им только обороною от лесных зверей) перестала бояться, познакомилась с ними и с любопытством старой женщины расспрашивала о молодом их господине, о причине пустыннической жизни его, и проч. и проч. Алексей пошептал на ухо одному человеку, и через минуту никого не осталось в передней: старушку схватили под руки и увели в другую половину. Молодой супруг возвратился к своей любезной - помог ей раздеться - сердца их бились - он взял ее за белую руку... Но скромная муза моя закрывает белым платком лицо свое - ни слова!.. Священный занавес опускается, священный и непроницаемый для глаз любопытных!

А вы, счастливые супруги, блаженствуйте в сердечных восторгах под влиянием звезд небесных, но будьте целомудренны в самых высочайших наслаждениях страсти своей! Невинная стыдливость да живет с вами неразлучно - и нежные цветы удовольствия не завянут никогда на супружеском ложе вашем!

Уже солнце взошло высоко на небе и рассыпало по снегу миллионы блестящих диамантов, но в спальне наших супругов все еще царствовало глубокое молчание. Старушка мама давно встала, раз десять подходила к двери, слушала и ничего не слыхала; наконец вздумала тихонько постучаться и сказала довольно громко: "Пора вставать - пора вставать!" Через несколько минут дверь отперли. Алексей был уже в голубом кафтане своем, но красавица лежала еще на постели и долго не могла взглянуть на старушку, стыдясь - неизвестно чего. Розы на щеках ее немного побледнели, в глазах изображалась томная слабость - но никогда Наталья не была так привлекательна, как в сие утро. Она оделась с помощию своей няни, помолилась богу со слезами и дожидалась супруга своего, который между тем занимался хозяйством, приказывал готовить обед и прочее, что нужно в домашнем быту. Когда он возвратился к любезной супруге, она с нежностию обняла его и сказала тихим голосом: "Милый друг! Я думаю о батюшке. Ах! Он, верно, тоскует, плачет, сокрушается!.. Мне бы хотелось об нем слышать, хотелось бы знать..." Наталья не договорила, но Алексей понял ее желание и немедленно отправил в Москву человека, чтобы наведаться о боярине Матвее.

Но мы предупредим сего посланного и посмотрим, что делается в царственном граде. Боярин Матвей долго ждал к себе поутру милой своей Натальи и наконец пошел в ее терем. Там все было пусто, все в беспорядке. Он изумился - увидел на столике письмо, развернул его, прочитал - но верил глазам своим - прочитал в другой раз - хотел еще не верить, - но дрожащие ноги его подогнулись, - он упал па землю. Несколько минут продолжалось его беспамятство. Образумившись, приказал он людям вести себя к государю. "Государь! - сказал трепещущий старец. - Государь!.." Он не мог говорить и подал царю Алексееве письмо. Чело благочестивого монарха помрачилось гневом. "Кто сей недостойный соблазнитель? - сказал он. - Но везде найдет его грозная рука правосудия". Сказал, и во все страны Русского царства отправились гонцы с повелением искать Наталью и ее похитителя.

Царь утешал боярина, как своего друга. Вздохи и слезы облегчили стесненную грудь несчастного родителя, и чувство гнева в сердце его уступило место нежной горести. "Бог видит, - сказал он, взглянув на небо, - бог видит, как я любил тебя, неблагодарная, жестокая, милая Наталья!.. Так, государь! Она и теперь мила мне боле всего на свете!.. Кто увез ее из родительского дому? Где она? Что с нею делается?.. Ах! На старости лет моих я побежал бы за нею на край света... Может быть, какой-нибудь злодей обольстил невинную и после бросит, погубит ее... Нет! Дочь моя

38

не могла полюбить злодея!.. Но для чего же не открыться родителю?.. Кто бы он ни был, я обнял бы его как сына. Разве государь меня не жалует? Разве он не стал бы жаловать и зятя моего?.. Не знаю, что думать!.. Но ее нет!.. Я плачу: она не видит слез моих - умру: она не затворит глаз отца, который полагал в ней жизнь и душу свою!.. Правда, без воли всевышнего ничего не делается; может быть, я заслужил наказание руки его... Покоряюсь без роптания!.. Об одном прошу тебя, господи: будь ей отцом милосердным во всякой стране. Пусть умру в горести - лишь бы дочь моя была благополучна!.. Нельзя, чтобы она не любила меня, нельзя... (Тут боярин Матвей взял письмо и снова прочитал его.) Ты плакала; эта бумага мокра от слез твоих: я буду хранить ее на моем сердце как последний знак любви твоей. Ах! Если ты ко мне возвратишься хотя за час до моей смерти... Но как угодно всевышнему! Между тем отец твой, сирота на старости, будет отцом несчастных и горестных; обнимая их, как детей своих, - как твоих братии, - он скажет им со слезами: - Друзья! Молитесь о Наталье". Так говорил боярин Матвей, и чувствительный царь был тронут до глубины сердца.

Отныне, добрый боярин, жизнь твоя покрывается мраком печали - увы! и самая добродетель не может нас предохранить от горести! Беспрестанно будешь ты думать о милой сердца твоего - вздыхать и сидеть, подгорюнившись, перед широкими воротами своего дому! Никто, никто не принесет тебе вести о прелестной Наталье! Царские гонцы возвратятся, и вздох их будет ответом на вопросы твои. Сядут бедные за столы нищелюбивого боярина, но хлеб его покажется им горек - ибо они увидят скорбь на лице своего благодетеля!

Между тем Алексеев посланный возвратился в пустыню с известием, что боярин Матвей был во дворце царском и что во всей России велено искать его пропавшей дочери. Наталья хотела знать более и спрашивала, что написано было на лице родителя ее, когда он шел из дворца государева, вздыхал ли он, плакал ли, не произносил ли тихонько ее имени? Посланный не мог ответить ни да, ни нет, ибо он хотя и видел боярина, но смотрел на него не проницательными глазами нежной дочери. "Для чего, - сказала Наталья, - для чего не могу я превратиться в невидимку или маленькую птичку, чтобы слетать в Москву белокаменную, взглянуть на родителя, поцеловать руку его, выронить на нее слезу горячую и возвратиться к милому моему другу?" - "Ах, нет! Я не пустил бы тебя! - отвечал Алексей. - Почему знать, что бы могло с тобою случиться? Нет, мой друг! Я не могу и вздумать о разлуке - а ты можешь!" Наталья почувствовала нежную укоризну и оправдалась перед супругом улыбкою, слезами и поцелуем.

Теперь надлежало бы мне описывать счастие юных супругов и

любовников, сокрытых лесным мраком от целого света, но вы, которые наслаждаетесь подобным счастием, скажите, можно ли описать его? Наталья и Алексей, живучи в своем уединении, не видали, как текло или летело время. Часы и минуты, дни и ночи, недели и месяцы сливались в пустыне их, как струи речные, не различимые глазом человеческим. Ах! Удовольствия любви бывают всегда одинаковы, но всегда новы и бесчисленны. Наталья просыпалась и - любила; вставала с постели и - любила; молилась и - любила; что ни думала - все любила и всем наслаждалась. Алексей тоже, и чувства их составляли восхитительную гармонию.

Но читатель не должен думать, чтобы они в уединенной жизни своей только смотрели друг на друга и сидели от утра до вечера, поджав руки, - нет! Наталья принялась за рукоделье, за пяльцы и скоро вышила разными шелками и разными узорами две прекрасные ширинки: первую для милого супруга, чтобы он утирал ею белое лицо свое, а другую для любезного родителя. "Когда-нибудь мы поедем к нему!" - говорила красавица и тихонько вздыхала. Что принадлежит до Алексея, то он, сидя подле своей супруги, рисовал пером разные ландшафты и картинки - любовался тем, что нравилось Наталье, и старался поправить то, что ей казалось несовершенным. Так, любезный читатель! Алексей умел рисовать, и притом весьма не худо, ибо сама природа выучила его сему искусству. Он видел образ кудрявых дерев в реках прозрачных и вздумал означать тень сию на бумаге; опыт был удачен, и скоро чертежи его сделались верными копиями натуры: не только дерева, но и другие предметы изображались им с величайшею точностию. Красавица смотрела на движение руки его и дивилась, как он мог одними чертами пера своего представлять разные виды: то рощу дубовую, то башни московские, то дворец государев. Но Алексей уже не сражался с дикими зверями, ибо они (как будто бы из уважения к прекрасной Наталье, новой обитательнице их дремучего леса) не приближались к жилищу супругов и ревели только в отдалении. Таким образом прошла зима, снег растаял, реки и ручьи зашумели, земля опушилась травкою, и зеленые пучочки распустились на деревьях. Алексей выбежал из своего домику, сорвал первый цветочек и принес его Наталье. Она улыбнулась, поцеловала своего друга - и в самую сию минуту запели в лесу весенние птички. "Ах, какая радость! Какое веселье! - сказала красавица. - Мой друг! Пойдем гулять!" Они пошли и сели на берегу реки. "Знаешь ли, - сказала Наталья супругу своему, - знаешь ли, что прошедшею весною не могла я без грусти слушать птичек? Теперь мне кажется, будто я их разумею и одно с ними думаю. Посмотри: здесь, на кусточке, поют две птички - кажется, малиновки - посмотри, как они обнимаются крылышками; они любят друг друга так, как я люблю тебя, мой друг, и как ты меня любишь! Не правда ли?" Всякий может вообразить себе ответ Алексеев и разные удовольствия, которые весна принесла с собою для наших пустынников.

Но нежная дочь, наслаждаясь любовию, не забывала и своего родителя. Алексей должен был всякую неделю два или три раза посылать в Москву человека наведываться о боярине Матвее. Вести привозились одинаковые: боярин делал добрые дела, печалился, кормил бедных и говорил им: "Друзья! Помолитесь о Наталье!" Наталья вздыхала и смотрела на образ.

Однажды возвратился посланный с великою поспешностию. "Государь! - сказал он Алексею. - Москва в смятении. Свирепые литовцы восстали на Русское царство. Я видел, как жители престольного града собирались перед дворцом государевым и как боярин Матвей, именем царя православного, ободрял воинов; я видел, как толпы народные бросали вверх шапки свои, восклицая в один голос: "Умрем за царя, - государя! Умрем за отечество или победим литовцев!" Я видел, как русское воинство в ряды становилось, как сверкали его мечи, и бердыши, и копья булатные. Завтра выдет оно в поле под начальством воевод храбрейших". Сердце Алексеево затрепетало, кровь закипела - он схватил со стены меч отца своего - взглянул на супругу - и меч упал на землю - слезы показались в глазах его. Наталья взяла его за руку и не говорила ни слова. "Любезная Наталья! - сказал Алексей по некотором молчании. - Ты желаешь возвратиться в дом к своему родителю?"

Наталья. С тобою, мой друг, с тобою! Ах, я не смела говорить тебе; только мне всегда казалось, что мы напрасно скрываемся от батюшки. Увидя нас, он так обрадуется, что все забудет, а я возьму за руку тебя и его, заплачу от радости и скажу: "Вот они; вот те, которых люблю, - теперь я совершенно счастлива!"

Алексей. Но мне надобно заслужить прежде милость царскую. Теперь есть к тому случай.

Наталья. Какой же, мой друг?

Алексей. Ехать на войну, сразиться с неприятелями Русского царства и победить. Царь увидит тогда, что Любославские любят его и верно служат своему отечеству.

Наталья. Поедем, мой друг! Лишь бы ты был со мною: я всюду готова.

Алексей. Что ты говоришь, милая Наталья? Там летают смертоносные стрелы, там рубятся мечами: как тебе ехать со мною?

Наталья. Итак, ты хочешь меня оставить? Хочешь моей смерти? Потому что я не могу жить без тебя. Давно ли, мой друг, давно ли говорил ты, что никогда не покинешь меня? А теперь думаешь ехать один, и еще туда, где летают стрелы? Кто защитит тебя?.. Нет, ты возьмешь меня с собою - или бедная Наталья не мила уже сердцу твоему?

Алексей обнял свою супругу. "Поедем, - сказал он, - поедем и умрем вместе, если так богу угодно! Только на войне не бывает женщин, милая Наталья!" Красавица подумала, улыбнулась, пошла в спальню и заперла за собою дверь. Через несколько минут вышел оттуда прекрасный отрок... Алексей изумился, но скоро узнал в сем юном красавце любезную дочь боярина Матвея и бросился целовать. Наталья оделась в платье своего супруга, которое носил он будучи тринадцати или четырнадцати лет. "Я меньшой брат твой, - сказала она с усмешкою, - теперь дай мне только меч острый и копье булатное, шишак, панцирь и щит железный - увидишь, что я не хуже мужчины". Алексей не мог нарадоваться своим милым героем, выбрал ему самое легкое оружие, нарядил его в панцирь, сделанный из медных колец (на которых было подписано: "С нами бог: никто же на ны![7],[8] вооружил людей своих, готовых умереть за любезного господина надел латы покойного отца своего - и через несколько часов в пустынном домике осталась одна Натальина мама с двумя стариками.

А мы оставим на несколько времени супругов наших, в надежде, что небо не оставит их и будет им защитою в опасностях там, где летают смертоносные стрелы, где мечи сверкают, как молнии, где копья трещат и ломаются, где кровь человеческая льется реками, где герои умирают за свое отечество и делаются бессмертными. Возвратимся в Москву - там началась наша история, там должно ей и кончиться.

Увы! Какая пустота в столице российской! Все тихо, все печально. На улицах не видно никого, кроме слабых старцев и женщин, которые с унылыми лицами идут в церковь молить бога, чтобы он отвратил грозную тучу от Русского царства, даровал победу православным воинам и рассеял сонмы литовские. Добросердечный, чувствительный царь стоит на высоком крыльце своем и с нетерпением ожидает вести от начальников воинства, пошедшего навстречу врагам многочисленным. Боярин Матвей неразлучен с царем благочестивым. "Государь! - говорит он. - Надейся на бога и на храбрость своих подданных, храбрость, которая отличает их от всех иных народов. Страшно разят мечи российские; тверда, подобно камню, грудь сынов твоих - победа будет всегда верною их подругою". Так говорил боярин; думал о благе отечества - и тосковал о своей дочери.

В поту, в пыли прискакал вестник - царь встречает его на половине крыльца и дрожащею рукою развертывает письмо военачальников... Первое слово есть "победа"! "Победа!" - восклицает он в радости. - "Победа!" - восклицают бояре. - "Победа!" - народ повторяет - и во всем

---

[7] В Оружейной московской палате я видел много панцирей с сею надписью.

[8] "...никто же на ны" - никто против нас [не посмеет пойти].

царственном граде раздавался один голос: "Победа!", и во всех сердцах было одно чувство: радость!

Начальники доносили государю обо всем с величайшею подробностию. Сражение было самое жестокое. Уже первый ряд русского воинства, теснимый бесчисленным множеством литовцев, начинал колебаться и хотел уступить врагу сильнейшему; но вдруг, как гром, загремел голос: "Умрем или победим!", и в то же мгновение от рядов российских отделился молодой воин и с мечом в руке бросился на неприятелей; за ним бросились и другие; все воинство двинулось и, восклицая: "Умрем или победим!", устремилось, как буря, на литовцев, которые, невзирая на великое число свое, скоро побежали и рассеялись. "Мы не можем, - писали начальники, - восхвалить по достоинству того юного воина; которому принадлежит вся честь победы и который гнал, разил неприятеля и собственною рукою пленил их предводителя. Повсюду следовал за ним брат его, прекрасный отрок, и закрывал его щитом своим. Он не хочет объявить имени своего никому, кроме тебя, государя. Побежденные литовцы спешат из пределов России, и скоро воинство твое возвратится со славою во град Москву. Мы сами представим царю непобедимого юношу, спасителя отечества и достойного всей твоей милости".

Царь с нетерпением ожидал своих героев и выехал встреть их в поле, вместе с боярином Матвеем и с другими чиновниками. В Москве никого не осталось; слабые старцы, забыв слабость, спешили за город навстречу к своим детям; супруги и матери, неся младенцев или ведя их за руки, спешили туда же. Первый ряд воинства показался - второй и третий; разноцветные знамена веяли над оными: воины шли с обнаженными мечами, ровным шагом, назади ехали конные - впереди начальники, под сению трофеев. Увидели государя, и восклицания: "Победа и здравие царю российскому!" - загремели в воздухе. Воеводы упали перед ним на колена. Он поднял их и сказал с улыбкою милости: "Благодарю вас именем отечества". - "Государь! - отвечали они. - Мы старались исполнить должность свою! Но бог даровал нам победу рукою сего юного воина". Тут юный воин, стоявший подле них с потупленным взором, преклонил колено. "Кто ты, храбрый юноша? - спросил государь, простирая к нему правую руку свою. - Имя твое должно быть славно в пределах Русского царства", - "Государь! - отвечал юноша. - Сын осужденного боярина Любославского, скончавшего дни свои в стране иноверных, приносит тебе свою голову". Царь поднял глаза на небо. "Благодарю тебя, боже, - сказал он, - что ты посылаешь мне случай хотя отчасти загладить неправосудие и злобу людей и за страдание невинного отца наградить достойного сына! Так, храбрый юноша! Невинность родителя твоего открылась - к несчастию, поздно! Увы! Я был тогда незрелым отроком, и боярин Матвей еще не имел места в совете моем. Злые бояре оклеветали Любославского; один из них, кончая недавно жизнь свою, признался в несправедливости доносов, по которым судили невинного. Видишь слезы мои. Будь же другом царя своего, первым по боярине Матвее!" - "Итак, память отца моего, - сказал Алексей, - чиста от поношения!.. Но я - я винен перед тобою, государь великий! Я увез дочь боярина Матвея из родительского дому!" Царь удивился. "Где же она?" - спросил он с нетерпением. Но боярин уже нашел дочь свою: прекрасная Наталья, в одежде воина, бросилась в его объятия; шишак спал с головы ее, и русые волосы по плечам рассыпались. Изумленный, восхищенный родитель не смел верить сему явлению, но сердце чувствительного старца сильным трепетом своим уверяло его, что милая нашлася. Едва мог он перенести радость свою и упал бы на землю, если бы другие бояре не поддержали его. Долго не говорил он ни слова, опустив голову на плечо Наталье, наконец назвал ее именем, как будто бы желая видеть, откликнется ли она, - назвал ее своею милою, прекрасною, - и при каждом ласковом слове сиял новый луч радости на лице его, которое так долго было печальным! Казалось, будто язык его учился произносить давно забытые имена: столь медленно он их выговаривал! И повторял столь часто! Наталья целовала его руки. "Ты меня так же любишь! - говорила она. - Так же любишь!" И теплые ручьи слез договаривали за нее прочее. Все воинство пребывало в тишине и в молчании. Государь был тронут сердечно, взял Алексея за руку и подвел его к боярину. "Вот, - сказала Наталья, - вот - супруг мой! Прости его, родитель мой, и люби так, как меня любишь!" Боярин Матвей поднял голову, посмотрел на Алексея и подал ему дрожащую руку свою. Молодой человек хотел броситься перед ним на колени, но старец прижал его к своему сердцу вместе с милою дочерью...

Царь. Они достойны друг друга и будут твоим утешением в старости.

"Она дочь моя, - сказал боярин Матвей прерывающимся голосом, - он сын мой... Господи! Дай мне умереть в их объятиях!"

Старец снова прижал их к своему сердцу.

Читатель вообразит себе все последующее. Старушку няню привезли в город, боярин Матвей простил ее и, призвав к себе того священника, который венчал Алексея и Наталью, хотел, чтобы он снова благословил их в его присутствии. Супруги жили счастливо и пользовались особенною царскою милостию. Алексей оказал важные услуги отечеству и государю, услуги, о которых упоминается в разных исторических рукописях. Благодетельный боярин Матвей дожил до самой глубокой старости и веселился своей дочерью, своим зятем и прекрасными детьми их. Смерть явилась ему в виде юнейшего и любезнейшего внука его, он хотел обнять милого отрока - и скончался. Больше я ничего не слыхал от бабушки моего дедушки, но за несколько лет перед сим прогуливаясь осенью по берегу Москвы-реки, близ темной сосновой рощи, нашел надгробный камень, заросший зеленым мохом и разломленный рукою времени, - с великим трудом мог я прочитать на нем следующую надпись: "Здесь погребен Алексей Любославский с своею супругою". Старые люди сказывали мне, что на сем месте была некогда церковь - вероятно, самая та, где венчались наши любовники и где они захотели лежать и по смерти своей.

МАРФА-ПОСАДНИЦА, ИЛИ ПОКОРЕНИЕ НОВАГОРОДА

Историческая повесть

- Вот один из самых важнейших случаев российской истории! - говорит издатель сей повести. - Мудрый Иоанн должен был для славы и силы отечества присоединить область Новогородскую к своей державе: хвала ему! Однако ж сопротивление новогородцев не есть бунт каких-нибудь якобинцев: они сражались за древние свои уставы и права, данные им отчасти самими великими князьями, например Ярославом, утвердителем их вольности. Они поступили только безрассудно: им должно было предвидеть, что сопротивление обратится в гибель Новугороду, и благоразумие требовало от них добровольной жертвы.

В наших летописях мало подробностей сего великого происшествия, но случай доставил мне в руки старинный манускрипт, который сообщаю здесь любителям истории и сказок, исправив только слог его, темный и невразумительный. Думаю, что это писано одним из знатных новогородцев, переселенных великим князем Иоанном Васильевичем в другие города. Все главные происшествия согласны с историек). И летописи и старинные песни отдают справедливость великому уму Марфы Борецкой, сей чудной женщины, которая умела овладеть народом и хотела (весьма некстати!) быть Катоном своей республики.

Кажется, что старинный автор сей повести даже и в душе своей не винил Иоанна. Это делает честь его справедливости, хотя при описании некоторых случаев кровь новогородская явно играет в нем. Тайное побуждение, данное им фанатизму Марфы, доказывает, что он видел в ней только страстную, пылкую, умную, а не великую и не добродетельную женщину.

КНИГА ПЕРВАЯ

Раздался звук вечевого колокола, и вздрогнули сердца в Новегороде. Отцы семейств вырываются из объятий супруг и детей, чтобы спешить, куда зовет их отечество. Недоумение, любопытство, страх и надежда влекут граждан шумными толпами на Великую площадь. Все спрашивают; никто не ответствует... Там, против древнего дому Ярославова, уже собралися посадники с золотыми на груди медалями, тысячские с высокими жезлами, бояре, люди житые с знаменами и старосты всех пяти концов новогородских[9] с серебряными секирами. Но еще не видно никого на месте лобном, или Вадимовом (где возвышался мраморный образ сего витязя). Народ криком своим заглушает звон колокола и требует открытия веча. Иосиф Делийский, именитый гражданин, бывший семь раз степенным посадником - и всякий раз с новьгаи услугами отечеству, с новою честию для своего имени, - всходит на железные ступени, открывает седую, почтенную свою голову, смиренно кланяется народу и говорит ему, что князь московский прислал в Великий Новгород своего боярина, который желает всенародно объявить его требования... Посадник сходит - и боярин Иоаннов является на Вадимовом месте, с видом гордым, препоясанный мечом и в латах. То был воевода, князь Холмский, муж благоразумный и твердый - правая рука Иоаннова в предприятиях воинских, око его в делах государственных - храбрый в битвах, велеречивый в совете. Все безмолвствуют, боярин хочет говорить... Но юные надменные новогородцы восклицают: "Смирись пред великим народом!" Он медлит - тысячи голосов повторяют: "Смирись пред великим народом!" Боярин снимает шлем с головы своей - и шум умолкает.

"Граждане новогородские! - вещает он. - Князь Московский и всея России говорит с вами - внимайте!

Народы дикие любят независимость, народы мудрые любят порядок, а нет порядка без власти самодержавной. Ваши предки хотели править

---

[9] Так назывались части города: Конец, Иеровский, Гончарский, Славянский, Загородский и Плотнинский.

сами собой и были жертвою лютых соседов или еще лютейших внутренних междоусобий. Старец добродетельный, стоя на праге вечности, заклинал их избрать владетеля. Они поверили ему, ибо человек при дверях гроба может говорить только истину.

Граждане новогородские! В стенах ваших родилось, утвердилось, прославилось самодержавие земли русской. Здесь великодушный Рюрик творил суд и правду; на сем месте древние новогородцы лобызали ноги своего отца и князя, который примирил внутренние раздоры, успокоил и возвеличил город их.

На сем месте они проклинали гибельную вольность и благословляли спасительную власть единого. Прежде ужасные только для самих себя и несчастные в глазах соседов, новогородцы под державною рукою варяжского героя сделались ужасом и завистию других народов; и когда Олег храбрый двинулся с воинством к пределам юга, все племена славянские покорялись ему с радостию, и предки ваши, товарищи его славы, едва верили своему величию.

Олег, следуя за течением Днепра, возлюбил красные берега его и в благословенной стране Киевской основал столицу своего обширного государства; но Великий Новгород был всегда десницею князей великих, когда они славили делами имя русское. Олег под щитом новогородцев прибил щит свой к вратам цареградским. Святослав с дружиною новогородскою рассеял, как прах, воинство Цимисхия, и внук Ольгин вашими предками был прозван Владетелем мира.

Граждане новогородские! Не только воинскою славою обязаны вы государям русским: если глаза мои, обращаясь на все концы вашего града, видят повсюду златые кресты великолепных храмов святой веры, если шум Волхова напоминает вам тот великий день, в который знаки идолослужения погибли с шумом в быстрых волнах его, то вспомните, что Владимир соорудил здесь первый храм истинному богу, Владимир низверг Перуна в пучину Волхова!.. Если жизнь и собственность священны в Новегороде, то скажите, чья рука оградила их безопасностию?.. Здесь (указывая на дом Ярослава) - здесь жил мудрый законодатель, благотворитель ваших предков, князь великодушный, друг их, которого называли они вторым Рюриком!.. Потомство неблагодарное! Внимай справедливым укоризнам!

Новогородцы, быв всегда старшими сынами России, вдруг отделились от братии своих; быв верными подданными князей, ныне смеются над их властию... и в какие времена? О стыд имени русского! Родство и дружба познаются в напастях, любовь к отечеству также... Бог в неисповедимом совете своем положил наказать землю русскую. Явились варвары бесчисленные, пришельцы от стран никому не известных[10] , подобно сим тучам насекомых, которые небо во гневе своем гонит бурею на жатву грешника. Храбрые славяне, изумленные их явлением, сражаются и гибнут, земля русская обагряется кровью русских, города и села пылают, гремят цепи на девах и старцах... Что ж делают новогородцы? Спешат ли на помощь к братьям свои... Нет! Пользуясь своим удалением от мест кровопролития, пользуясь общим бедствием князей, отнимают у них власть законную, держат их в стенах своих, как в темнице, изгоняют, призывают других и снова изгоняют. Государи новогородские, потомки Рюрика и Ярослава, должны были слушаться посадников и трепетать вечевого колокола, как трубы суда Страшного! Наконец никто уже не хотел быть князем вашим, рабом мятежного веча... Наконец русские и новогородцы не узнают друг друга!

Отчего же такая перемена в сердцах ваших? Как древнее племя славянское могло забыть кровь свою?.. Корыстолюбие, корыстолюбие ослепило вас! Русские гибнут, новогородцы богатеют. В Москву, в Киев, в Владимир привозят трупы христианских витязей, убиенных неверными, и народ, осыпав пеплом главу свою, с воплем встречает их; в Новгород привозят товары чужеземные, и народ с радостными восклицаниями приветствует гостей[11] иностранных! Русские считают язвы свои, новогородцы считают златые монеты. Русские в узах, новогородцы славят вольность свою!

Вольность!.. Но вы также рабствуете. Народ! Я говорю с тобою. Бояре честолюбивые, уничтожив власть государей, сами овладели ею. Вы повинуетесь - ибо народ всегда повиноваться должен, - но только не священной крови Рюрика, а купцам богатым. О стыд! Потомки славян ценят златом права властителей! Роды княжеские, издревле имениты, возвысились делами храбрости и славы; ваши посадники, тысячские, люди житые обязаны своим достоинством благоприятному ветру и хитростям корыстолюбия. Привыкшие к выгодам торговли, торгуют и благом народа; кто им обещает злато, тому они вас обещают. Так, известны князю московскому их дружественные, тайные связи с Литвою и Казимиром. Скоро, скоро вы соберетесь на звук вечевого колокола, и надменный поляк скажет вам на лобном месте: "Вы - рабы мои!" Но бог и великий Иоанн еще о вас пекутся.

Новогородцы! Земля русская воскресает. Иоанн возбудил от сна древнее мужество славян, ободрил унылое воинство, и берега Камы были свидетелями побед наших. Дуга мира и завета воссияла над могилами князей Георгия, Андрея, Михаила. Небо примирилось с нами,

---

[10] Так думали в России о татарах.
[11] То есть купцов.

и мечи татарские иступились. Настало время мести, время славы и торжества христианского. Еще удар последний не совершился, но Иоанн, избранный богом, не опустит державной руки своей, доколе не сокрушит врагов и не смешает их праха с земною перстию. Димитрий, поразив Мамая, не освободил России; Иоанн все предвидит, и, зная, что разделение государства было виною бедствий его, он уже соединил все княжества под своею державою и признан властелином земли русской. Дети отечества, после горестной долговременной разлуки, объемлются с веселием пред очами государя и мудрого отца их.

Но радость его не будет совершенна, доколе Новгород, древний, Великий Новгород, не возвратится под сень отечества. Вы оскорбляли его предков, он все забывает, если ему покоритесь. Иоанн, достойный владеть миром, желает только быть государем новогородским!.. Вспомните, когда он был мирным гостем посреди вас; вспомните, как вы удивлялись его величию, когда он, окруженный своими вельможами, шел по стогнам Новаграда в дом Ярославов; вспомните, с каким благоволением, с какою мудростию он беседовал с вашими боярами о древностях новогородских, сидя на поставленном для него троне близ места Рюрикова, откуда взор его обнимал все концы града и веселые окрестности; вспомните, как вы единодушно восклицали: "Да здравствует князь московский, великий и мудрый!" Такому ли государю не славно повиноваться, и для того единственно, чтобы вместе с ним совершенно освободить Россию от ига варваров? Тогда Новгород еще более украсится и возвеличится в мире. Вы будете первыми сынами России; здесь Иоанн поставит трон свой и воскресит счастливые времена, когда не шумное вече, но Рюрик и Ярослав судили вас, как отцы детей, ходили по стогнам и вопрошали бедных, не угнетают ли их богатые? Тогда бедные и богатые равно будут счастливы, ибо все подданные равны пред лицом владыки самодержавного.

Народ и граждане! Да властвует Иоанн в Новегоро-де, как он в Москве властвует! Или - внимайте его последнему слову - или храброе воинство, готовое сокрушить татар, в грозном ополчении явится прежде глазам вашим да усмирит мятежников!.. Мир или война? Ответствуйте!"

С сим словом боярин Иоаннов надел шлем и сошел с лобного места.

Еще продолжается молчание. Чиновники и граждане в изумлении. Вдруг колеблются толпы народные, и громко раздаются восклицания: "Марфа! Марфа!" Она всходит на железные ступени, тихо и величаво; взирает на бесчисленное собрание граждан и безмолвствует... Важность и скорбь видны на бледном лице ее... Но скоро осененный горестию взор блеснул огнем вдохновения, бледное лицо покрылось румянцем, и Марфа вещала:

"Вадим! Вадим! Здесь лилась священная кровь твоя, здесь призываю небо и тебя во свидетели, что сердце мое любит славу отечества и благо сограждан, что скажу истину народу новогородскому и готова запечатлеть ее моею кровию. Жена дерзает говорить на вече, но предки мои были друзья Вадимовы, я родилась в стане воинском под звуком оружия, отец, супруг мой погибли, сражаясь за Новгород. Вот право мое быть защитницею вольности! Оно куплено ценою моего счастия..."

"Говори, славная дочь Новаграда!" - воскликнул народ единогласно - и глубокое безмолвие снова изъявило его внимание.

"Потомки славян великодушных! Вас называют мятежниками!.. За то ли, что вы подъяли из гроба славу их? Они были свободны, когда текли с востока на запад избрать себе жилище во вселенной, свободны, подобно орлам, парившим над их главою в обширных пустынях древнего мира... Они утвердились на красных берегах Ильменя и всё еще служили одному богу. Когда Великая Империя[12], как ветхое здание, сокрушалась под сильными ударами диких героев севера, когда готфы, вандалы, эрулы и другие племена скифские искали везде добычи, жили убийствами и грабежом, тогда славяне имели уже селения и города, обрабатывали землю, наслаждались приятными искусствами мирной жизни, но все еще любили независимость. Под сению древа чувствительный славянин играл на струнах изобретенного им мусикийского орудия[13], но меч его висел на ветвях, готовый наказать хищника и тирана. Когда Баян, князь аварский, страшный для императоров Греции, потребовал, чтобы славяне ему поддалися, они гордо и спокойно ответствовали: "Никто во вселенной не может поработить нас, доколе не выдут из употребления мечи и стрелы!.."[14]. О великие воспоминания древности! Вы ли должны склонять нас к рабству и к узам?

Правда, с течением времен родились в душах новые страсти, обычаи древние, спасительные забывались, и неопытная юность презирала мудрые советы старцев; тогда славяне призвали к себе знаменитых храбростию князей варяжских, да повелевают юным мятежным воинством. Но когда Рюрик захотел самовольно властвовать, гордость славянская ужаснулась своей неосторожности, и Вадим Храбрый звал его пред суд народа. "Меч и боги да будут нашими судиями!" - ответствовал Рюрик, и Вадим пал от руки его, сказав: "Новогородцы! На место, обагренное моею кровию, приходите оплакивать свое неразумие - и славить вольность, когда она с торжеством явится снова в стенах ваших..." Исполнилось желание великого мужа: парод

---

[12] Римская.

[13] См. византийских историков Феофилакта и Феофана.

[14] См. Менандера

собирается на священной могиле его, свободно и независимо решить судьбу свою.

Так, кончина Рюрика - да отдадим справедливость сему знаменитому витязю! - мудрого и смелого Рюрика воскресила свободу новогородскую. Народ, изумленный его величием, невольно и смиренно повиновался, но скоро, не видя уже героя, пробудился от глубокого сна, и Олег, испытав многократно его упорную непреклонность, удалился от Новагорода с воинством храбрых варягов и славянских юношей, искать победы, данников и рабов между другими скифскими, менее отважными и гордыми племенами. С того времени Новгород признавал в князьях своих единственно полководцев и военачальников; народ избрал власти гражданские и, повинуясь им, повиновался уставу воли своей. В киевлянах и других россиянах отцы наши любили кровь славянскую, служили им, как друзьям и братьям, разили их неприятелей и вместе с ними славились победами. Здесь провел юность свою Владимир, здесь, среди примеров народа великодушного, образовался великий дух его, здесь мудрая беседа старцев наших возбудила в нем желание вопросить все народы земные о таинствах веры их, да откроется истина ко благу людей; и когда, убежденный в святости христианства, он принял его от греков, новогородцы, разумнее других племен славянских, изъявили и более ревности к новой истинной вере. Имя Владимира священно в Новегороде; священна и любезна память Ярослава, ибо он первый из князей русских утвердил законы и вольность Великого града. Пусть дерзость называет отцов наших неблагодарными за то, что они отражали властолюбивые предприятия его потомков! Дух Ярославов оскорбился бы в небесных селениях, если бы мы не умели сохранить древних прав, освященных его именем. Он любил новогородцев, ибо они были свободны; их признательность радовала его сердце, ибо только души свободные могут быть признательными: рабы повинуются и ненавидят! Нет, благодарность наша торжествует, доколе народ во имя отечества собирается пред домом Ярослава и, смотря на сии древние стены, говорит с любовию: "Там жил друг наш!"

Князь московский укоряет тебя, Новгород, самым твоим благоденствием – и в сей вине не может оправдаться! Так, конечно: цветут области новогородские, поля златятся класами, житницы полны, богатства льются к нам рекою; Великая Ганза[15] гордится нашим союзом; чужеземные гости ищут дружбы нашей, удивляются славе Великого града, красоте его зданий, общему избытку граждан и, возвратясь в

---

[15] Союз вольных немецких городов, который имел свои конторы в Новегороде.

страну свою, говорят: "Мы видели Новгород, н ничего подобного ему не видали!" Так, конечно: Россия бедствует - ее земля обагряется кровию, веси и грады опустели, люди, как звери, в лесах укрываются, отец ищет детей и не находит, вдовы и сироты просят милостыни на распутиях. Так, мы счастливы - и виновны, ибо дерзнули повиноваться законам своего блага, дерзнули не участвовать в междоусобиях князей, дерзнули спасти имя русское от стыда и поношения, не принять оков татарских и сохранить драгоценное достоинство народное!

Не мы, о россияне несчастные, но всегда любезные нам братья! не мы, но вы нас оставили, когда пали на колена пред гордым ханом и требовали цепей для спасения поносной жизни, когда свирепый Батый, видя свободу единого Новаграда, как яростный лев, устремился растерзать его смелых граждан, когда отцы наши, готовясь к славной битве, острили мечи на стенах своих - без робости: ибо знали, что умрут, а не будут рабами!.. Напрасно с высоты башен взор их искал вдали дружественных легионов русских, в надежде, что вы захотите в последний раз и в последней ограде русской вольности еще сразиться с неверными! Одни робкие толпы беглецов являлись на путях Новаграда; не стук оружия, а вопль малодушного отчаяния был вестником их приближения; они требовали не стрел и мечей, а хлеба и крова!.. Но Батый, видя отважность свободных людей, предпочел безопасность свою злобному удовольствию мести. Он спешил удалиться!.. Напрасно граждане новогородские молили князей воспользоваться таким примером и общими силами, с именем бога русского ударить на варваров; князья платили дань и ходили в стан татарский обвинять друг друга в замыслах против Батыя; великодушие сделалось предметом доносов, к несчастию ложных!.. И если имя победы в течение двух столетий сохранилось еще в языке славянском, то не гром ли новогородского оружия напоминал его земле русской? Не отцы ли наши разили еще врагов на берегах Невы? Воспоминание горестное! Сей витязь добродетельный, драгоценный остаток древнего геройства князей варяжских, заслужив имя бессмертное с верною новогородскою дружиною, храбрый и счастливый между нами, оставил здесь и славу и счастие, когда предпочел имя великого князя России имени новогородского полководца: не величие, но унижение и горесть ожидали Александра во Владимире - и тот, кто на берегах Невы давал законы храбрым ливонским рыцарям, должен был упасть к ногам Сартака.

Иоанн желает повелевать Великим градом: не удивительно! он собственными глазами видел славу и богатство его. Но все народы земные и будущие столетия не престали бы дивиться, если бы мы захотели ему

52

повиноваться. Какими надеждами он может обольстить нас? Одни несчастные легковерны; одни несчастные желают перемен - но мы благоденствуем и свободны! Благоденствуем оттого, что свободны! Да молит Иоанн небо, чтобы оно во гневе своем ослепило нас: тогда Новгород может возненавидеть счастие и пожелать гибели, но доколе видим славу свою и бедствия княжеств русских, доколе гордимся ею и жалеем об них, дотоле права новогородские всего святее нам по боге.

Я не дерзну оправдывать вас, мужи, избранные общею доверенностию для правления! Клевета в устах властолюбия и зависти недостойна опровержения. Где страна цветет и народ ликует, там правители мудры и добродетельны. Как! Вы торгуете благом народным? Но могут ли все сокровища мира заменить вам любовь сограждан вольных? Кто узнал ее сладость, тому чего желать в мире? Разве последнего счастия умереть за отечество!

Несправедливость и властолюбие Иоанна не затмевают в глазах наших его похвальных свойств и добродетелей. Давно уже молва народная известила нас о его величии, и люди вольные желали иметь гостем самовластителя; искренние сердца их свободно изливались в радостных восклицаниях при его торжественном въезде. Но знаки усердия нашего, конечно, обманули князя московского; мы хотели изъявить ему приятную надежду, что рука его свергнет с России иго татарское: он вздумал, что мы требуем от него уничтожения нашей собственной вольности! Нет! Нет! Да будет велик Иоанн, но да будет велик и Новгород! Да славится князь Московский истреблением врагов христианства, а не друзей и не братии земли русской, которыми она еще славится в мире! Да прервет оковы ее, не возлагая их на добрых и свободных новогородцев! Еще Ахмат дерзает называть его своим данником: да идет Иоанн против монгольских варваров, и верная дружина наша откроет ему путь к стану Ахматову! Когда же сокрушит врага, тогда мы скажем ему: "Иоанн! Ты возвратил земле русской честь и свободу, которых мы никогда не теряли. Владей сокровищами, найденными тобою в стане татарском, они были собраны с земли твоей; на них нет клейма новогородского: мы не платили дани ни Батыю, ни потомкам его! Царствуй с мудростию и славою, залечи глубокие язвы России, сделай подданных своих и наших братии счастливыми - и если когда-нибудь соединенные твои княжества превзойдут славою Новгород, если мы позавидуем благоденствию твоего народа, если всевышний накажет нас раздорами, бедствиями, унижением, тогда - клянемся именем отечества и свободы! - тогда приидем не в столицу польскую, но в царственный град Москву, как некогда древние

53

новогородцы пришли к храброму Рюрику; и скажем - не Казимиру, но тебе: "Владей нами! Мы уже не умеем править собою!"

Ты содрогаешься, о народ великодушный!.. Да идет мимо нас сей печальный жребий! Будь всегда достоин свободы, и будешь всегда свободным! Небеса правосудны и ввергают в рабство одни порочные народы. Не страшись угроз Иоанновых, когда сердце твое пылает любовию к отечеству и к святым уставам его, когда можешь умереть за честь предков своих и за благо потомства!

Но если Иоанн говорит истину, если в самом деле гнусное корыстолюбие овладело душами новогородцев, если мы любим сокровища и негу более добродетели и славы, то скоро ударит последний час нашей вольности, и вечевой колокол, древний глас ее, падет с башни Ярославовой и навсегда умолкнет!.. Тогда, тогда мы позавидуем счастию народов, которые никогда не знали свободы. Ее грозная тень будет являться нам, подобно мертвецу бледному, и терзать сердце наше бесполезным раскаянием!

Но знай, о Новгород, что с утратою вольности иссохнет и самый источник твоего богатства: она оживляет трудолюбие, изощряет серпы и златит нивы, она привлекает иностранцев в наши стены с сокровищами торговли, она же окриляет суда новогородские, когда они с богатым грузом по волнам несутся... Бедность, бедность накажет недостойных граждан, не умевших сохранить наследия отцов своих! Померкнет слава твоя, град Великий, опустеют многолюдные концы твои, широкие, улицы зарастут травою, и великолепие твое, исчезнув навеки, будет баснею народов. Напрасно любопытный странник среди печальных развалин захочет искать того места, где собиралось вече, где стоял дои Ярославов и мраморный образ Вадима: никто ему не укажет их. Он задумается горестно и скажет только: "Здесь был Новгород!.."

Тут страшный вопль народа не дал уже говорить посаднице. "Нет, нет! Мы все умрем за отечество! - восклицают бесчисленные голоса. - Новгород - государь наш! Да явится Иоанн с воинством!" Марфа, стоя на Вадимовом месте, веселится действием ее речи. Чтобы еще более воспалить умы, она показывает цепь, гремит ею в руке своей и бросает на землю: народ в исступлении гнева попирает оковы ногами, взывая: "Новгород - государь наш! Война, война Иоанну!" Напрасно посол московский желает еще говорить именем великого князя и требует внимания, дерзкие подъемлют на него руку, и Марфа должна защитить боярина. Тогда он извлекает меч, ударяет им о подножие Вадимова образа и, возвысив голос свой, с душевною скорбию произносит: "Итак, да будет война между великим князем Иоанном и гражданами

54

новогородскими! Да возвратятся клятвенные грамоты![16] Бог да судит вероломных!.." Марфа вручает послу грамоту Иоаннову и принимает новогородскую. Она дает ему стражу и знамя мира. Народные толпы перед ним расступаются. Боярин выходит из града. Там ожидала его московская дружина... Марфа следует за ним взором своим, опершись на образ Вадимов. Посол Иоаннов садится на коня и еще с горестию взирает на Новгород. Железные запоры стучат на городских воротах, и боярин тихо едет по московской дороге, провождаемый своими воинами. Вечерние лучи солнца угасали на их блестящем оружии.

Марфа вздохнула свободно. Видя ужасный мятеж народа (который, подобно бурным волнам, стремился по стогнам и беспрестанно восклицал: "Новгород - государь наш! Смерть врагам его!"), внимая грозному набату, который гремел во всех пяти концах города (в знак объявления войны), сия величавая жена подъемлет руки к небу, и слезы текут из глаз ее. "О тень моего супруга! - тихо вещает она с умилением. - Я исполнила клятву свою! Жребий брошен: да будет, что угодно судьбе!.." Она сходит с Вадимова места.

Вдруг раздается треск и гром на Великой площади... Земля колеблется под ногами... Набат и шум народный умолкают... Все в изумлении. Густое облако пыли закрывает от глаз дом Ярослава и лобное место... Сильный порыв ветра разносит наконец густую мглу, и все с ужасом видят, что высокая башня Ярослава, новое гордое здание народного богатства, пала с вечевым колоколом и дымится в своих развалинах[17]... Пораженные сим явлением, граждане безмолвствуют. Скоро тишина прерывается голосом - внятным, но подобным глухому стону, как будто бы исходящему из глубокой пещеры: "О Новгород! Так падет слава твоя! Так исчезнет твое величие!.." Сердца ужаснулись. Взоры устремились на одно место, но след голоса исчез в воздухе вместе с словами: напрасно искали, напрасно хотели знать, кто произнес их. Все говорили: "Мы слышали!", никто не мог сказать, от кого? Именитые чиновники, устрашенные народным впечатлением более, нежели самым происшествием, всходили один за другим на Вадимово место и старались успокоить граждан. Народ требовал мудрой, великодушной, смелой Марфы: посланные нигде не могли найти ее.

Между тем настала бурная ночь. Засветились факелы; сильный ветер беспрестанно задувал их, беспрестанно надлежало приносить огонь из домов соседственных. Но тысячские и бояре ревностно трудились с

---

[16] Клятвенными грамотами назывались дружественные трактаты. При объявлении войны надлежало всегда возвращать их.

[17] Летописи наши говорят о падении новой колокольни и ужасе народа.

гражданами: отрыли вечевой колокол и повесили на другой башне. Народ хотел слышать священный и любезный звон его - услышал и казался покойным. Степенный посадник распустил вече. Толпы редели. Еще друзья и ближние останавливались на площади и на улицах говорить между собою, но скоро настала всеобщая тишина, подобно как море после бури, и самые огни в домах (где жены новогородские с беспокойным любопытством ожидали отцов, супругов и детей) один за другим погасли.

КНИГА ВТОРАЯ

В густоте дремучего леса, на берегу великого озера Ильменя, жил мудрый и благочестивый отшельник Феодосий, дед Марфы-посадницы, некогда знатнейший из бояр новогородских. Он семьдесят лет служил отечеству мечом, советом, добродетелию и наконец захотел служить бог.у единому в тишине пустыни, торжественно простился с народом на вече, видел слезы добрых сограждан, слышал сердечные благословения за долговременную новогородскую верность его, сам плакал от умиления и вышел из града. Златая медаль его висела в Софийской церкви, и всякий новый посадник украшался ею в день избрания.

Уже давно он жил в пустыне, и только два раза в год могла приходить к нему Марфа, беседовать с ним о судьбе Новагорода или о радостях и печалях ее сердца. Сошедши с Вадимова места при звуке набата, она спешила к нему с юным Мирославом[18] и нашла его стоящего на коленях пред уединенною хижиною: он совершал вечернее моление. "Молись, добродетельный старец! - сказала она. - Буря угрожает отечеству". - "Знаю", - ответствовал пустынник и с горестию указал рукою на небо[19] Густая туча висела и волновалась над Новым-градом; из глубины ее сверкали красные молнии и вылетали шары огненные. Плотоядные враны станицами парили над златыми крестами храмов, как будто бы в ожидании скорой добычи. Между тем лютые звери страшно выли во мраке леса, и древние сосны, ударяясь ветвями одна об другую, трещали на корнях своих... Марфа твердым голосом сказала

---

[18] В Новегороде было еще обыкновение называться древними славянскими именами. Так, например, летописи сохранили нам имя Ратьмира, одного из товарищей Александра Невского.

[19] В старину хотели всегда читать на небе предстоящую гибель людей.

56

пустыннику: "Когда бы все небо запылало и земля, как море, восколебалась под моими ногами, и тогда бы сердце мое не устрашилось: если Новуграду должно погибнуть, то могу ли думать о жизни своей?" Она известила его о происшествии. Феодосии обнял ее с горячностию. "Великая дочь моего сына! - вещал он с умилением. - Последняя отрасль нашего славного рода! В тебе пылает кровь Молинских: она не совсем охладела и в моем сердце, изнуренном летами; посвятив его небу, еще люблю славу и вольность Новаграда... Но слабая рука человеческая отведет ли сокрушительные удары всевышней десницы? Душа моя содрогается: я предвижу бедствия!.." - "Судьба людей и народов есть тайна провидения, - ответствует Марфа, - но дела зависят от нас единственно, и сего довольно. Сердца граждан в руке моей: они не покорятся Иоанну, и душа моя торжествует! Самая опасность веселит ее... Чтоб не укорять себя в будущем, потребно только действовать благоразумно в настоящем, избирать лучшее и спокойно ожидать следствий... Многочисленное воинство соберется, готовое отразить врага, но должно поручить его вождю надежному, смелому, решительному. Исаак Борецкий[20] во гробе, в сынах моих нет духа воинского, я воспитала их усердными гражданами: они могут умереть за отечество, но единое небо вливает в сердца то пламенное геройство, которое повелевает роком в день битвы". - "Разве мало славных витязей в Новеграде? - сказал Феодосии. - Ужас Ливонии, Георгий Смелый..." - "Преселился к отцам своим". - "Победитель Витовта, Владимир Знаменитый..." - "От старости меч выпал из руки его". - "Михаил Храбрый..." - "Он - враг Иосифа Делийского и Борецких; может ли быть другом отечества?" - "Дмитрий Сильный..." - "Сильна рука его, но сердце коварно: он встретил за городом посла Иоаннова и тайно говорил с ним". - "Кто ж будет главою войска и щитом Новаграда?" - "Сей юноша!" - ответствует посадница, указав на Мирослава... Он снял пернатый шлем с головы своей; заря вечерняя и блеск молнии освещали величественную красоту его. Феодосии смотрел с удивлением на юношу.

"Никто не знает его родителей, - говорила Марфа, - он был найден в пеленах на железных ступенях Вадимова места и воспитан в училище Ярослава[21] рано удивлял старцев своею мудростию на вечах, а витязей - храбростию в битвах. Исаак Борецкий умер в его объятиях. Всякий раз, когда я встречалась с ним на стогнах града, сердце мое влеклось дружбою к юноше, и взор мой невольно за ним следовал. Он - сирота в мире, но бог любит сирых, а Новгород - великодушных. Их именем ставлю юношу на

---

[20] Муж ее.
[21] Так называлось всегда главное училище в Новегороде.

степень величия, их именем вручаю ему судьбу всего, что для меня драгоценнее в свете: вольности и Ксении! Так, он будет супругом моей любезнейшей дочери! Тот, кто опасным и великим саном вождя обратит на себя все стрелы и копья самовластия, мною раздраженного, не должен быть чуждым роду Бо-рецких и крови моей... Я изумила благородное и чувствительное сердце юноши: он клянется победою или смер-тию оправдать меня в глазах сограждан и потомства. Благослови, муж святой и добродетельный, волю нежной матери, которая более Ксении любит одно отечество! Сей союз достоин твоей правнуки: он заключается в день решительный для Новаграда и соединяет ее жребий с его жребием. Супруг Ксении есть или будущий спаситель отечества, или обреченная жертва свободы!"

Феодосии обнял юношу, называя его сыном своим. Они вошли в хижину, где горела лампада. Старец дрожащею рукою снял булатный меч, на стене висевший, и, вручая его Мирославу, сказал: "Вот последний остаток мирской славы в жилище отшельника! Я хотел сохранить его до гроба, но отдаю тебе: Ратьмир, предок мой, изобразил на нем златыми буквами слова: "Никогда врагу не достанется"...". Мирослав взял сей древний меч с благоговением и гордо ответствовал: "Исполню условие!" Марфа долго еще говорила с мудрым Феодосией о силах князя московского, о верных и неверных союзниках Новаграда и сказала наконец юноше: "Возвратимся, буря утихла. Народ покоится в Великом граде, но для сердца моего уже нет спокойствия!" Старец проводил их с молитвою.

Восходящее солнце озарило первыми лучами своими на лобном месте посадницу, окруженную народом. Она держала за руку Мирослава и говорила: "Народ! Сей витязь есть небесный дар Великому граду. Его рождение скрывается во мраке таинства, но благословение всевышнего явно ознаменовало юношу. Чем небо отличает своих избранных, когда сей вид геройский, сие чело гордое, сей взор огненный не есть печать любви его? Он питомец отечества, и сердце его сильно бьется при имени свободы. Вам известны подвиги Мирославской храбрости... (Марфа с жаром и красноречием описала их.) Сограждане! - сказала она в заключение. - Кого более всех должен ненавидеть князь московский, тому более всех вы можете верить: я признаю Мирослава достойным вождем новогородским!.. Самая цветущая молодость его вселяет в меня надежду: счастие ласкает юность!.." Народ поднял вверх руки: Мирослав был избран!.. "Да здравствует юный вождь сил новогородских!" - восклицали граждане, и юноша с величественным смирением преклонил голову. Бояре и люди житые осенили его своими знаменами. Иосиф Делийский, друг Марфы, вручил юноше златой жезл начальства. Старосты пяти концов новогородских стали пред ним с секирами, и тысячские, громогласно объявив собрание войска, на лобном месте записывали имена граждан для всякой тысячи. Димитрий Сильный обнимал Мирослава, называя его своим повелителем, но Михаил Храбрый, воин суровый, изъявлял негодование. Народ, раздраженный его   укоризнами,   хотел   смирить гордого, но Марфа и Делинский великодушно спасли его: они уважали в нем достоинство витязя и щадили врага личного, презирая месть и злобу.

Марфа от имени Новаграда написала убедительное и трогательное письмо к союзной Псковской республике. "Отцы наши, - говорила она, - жили всегда в мире и дружбе; у них было одно бедствие и счастие, ибо они одно любили и ненавидели. Братья по крови славянской и вере православной,   они   назывались братьями и по духу народному. Псковитянин в Новегороде забывал, что он не в отчизне своей, и давно уже известна пословица в земле русской: "Сердце на Великой[22], душа на Волхове". Если мы чаще могли помогать вам, нежели вы нам, если страны дальние от нас сведали имя ваше, если условия, заключенные Великим градом с Великою Ганзою, оживили торговлю псковскую, если вы заимствовали его спасительные уставы гражданские и если ни хищность татар, ни властолюбие князей тверских не повредили вашему благоденствию (ибо щит Новаграда осенял друзей его), то хвала единому небу! Мы не гордимся своими услугами и счастливы только   их воспоминанием. Ныне, братья, зовем вас на помощь к себе не для отплаты за добро новогородское, а для собственного вашего блага. Когда рука сильного сразит нас, то и вы не переживете верных друзей своих. Самая покорность не спасет вашего бытия народного: гражданин не угодит самовластителю, пока не будет рабом законным. Уверенные в вашей мудрости и любви к общей славе, мы уже назначили пред градом место для верной дружины псковской". Чиновники подписали грамоту, и гонец немедленно отправился с нею.

Трубы и литавры возвестили на Великой   площади   явление гостей иностранных. Музыканты, в шелковых красных мантиях,   шли впереди, за ними граждане десяти вольных городов немецких, по два в ряд, все в богатой одежде, и несли в руках, на серебряных блюдах, златые слитки   и камни драгоценные. Они приближались к Вадимову месту и поставили блюда на ступени его. Растгер города Любека требовал слова - и сказал народу: "Граждане и чиновники! Вольные люди немецкие сведали, что сильный враг угрожает Новуграду. Мы давно торгуем с вами и хвалимся верностию,   славимся   приязнию

новогородскою; знаем благодарность, умеем помогать друзьям в нужде. Граждане и чиновники! Примите усердные дары добрых гостей иностранных, не столько для умножения казны вашей, сколько для нашей чести. Требуем еще от вас оружия и дозволения сражаться под знаменами новогородскими. Великая Ганза не простила бы нам, если бы мы остались только свидетелями ваших опасностей. Нас семь сот человек в Великом граде, все выдем в поле - и клянемся верностию немецкою, что умрем или победим с вами!" Народ с живейшею благодарностию принял такие знаки дружеского усердия. Сам Мирослав роздал оружие гостям чужеземным, которые желали составить особенный легион; Марфа назвала его дружиною великодушных, и граждане общим восклицанием подтвердили сие имя.

Уже среди шумных воинских приготовлений день склонялся к вечеру - и юная Ксения, сидя под окном своего девического терема, с любопытством смотрела на движения народные: они казались чуждыми ее спокойному, кроткому сердцу!.. Злополучная!.. Так юный невинный пастырь, еще озаряемый лучами солнца, с любопытством смотрит на сверкающую вдали молнию, не зная, что грозная туча на крыльях бури прямо к нему стремится, грянет и поразит его!.. Воспитанная в простоте древних славянских нравов, Ксения умела наслаждаться только одною своею ангельскою непорочностию и ничего более не желала; никакое тайное движение сердца не давало ей чувствовать, что есть на свете другое счастие. Если иногда светлый взор ее нечаянно устремлялся на юношей новогородских, то она краснелась, не зная причины: стыдливость есть тайна невинности и добродетели. Любить мать и свято исполнять ее волю, любить братьев и милыми ласками доказывать им свою нежность было единственною потребностию сей кроткой души. Но судьба неисповедимая захотела ввергнуть ее в мятеж страстей человеческих; прелестная, как роза, погибнет в буре, но с твердостию и великодушием: она была славянка!.. Искра едва на земле светится, сильный ветер развевает из нее пламя.

Отворяется дверь уединенного терема, и служанки входят с богатым нарядом: подают Ксении одежду алую, ожерелье жемчужное, серьги изумрудные, произносят имя матери ее, и дочь, всегда послушная, спешит нарядиться, не зная для чего. Скоро приходит Марфа, смотрит на Ксению, смягчается душою и дает волю слезам материнской горячности... Может быть, тайное предчувствие в сию минуту омрачило сердце ее: может быть, милая дочь казалась ей несчастною жертвою, украшенной для олтаря и смерти! Долго не может она говорить, прижимая любезную, спокойную невинность к пламенной груди своей; наконец укрепилась силою мужества и сказала: "Радуйся, Ксения! Сей день есть счастливейший в жизни твоей, нежная мать избирает тебе супруга, достойного быть ее сыном!.." Она ведет ее в храм Софийский.

Уже народ сведал о сем знаменитом браке, изъявлял радость свою и шумными толпами провожал Ксению, изумленную, встревоженную столь внезапною переменою судьбы своей... Так юная горлица, воспитанная под крылом матери, вдруг видит мирное гнездо свое, разрушенное вихрем, и сама несется им в неизвестное пространство; напрасно хотела бы она слабым усилием нежных крыльев своих противиться стремлению бури... Уже Ксения стоит пред олтарем подле юноши, уже совершается обряд торжественный, уже она - супруга, но еще не взглянула на того, кто должен быть отныне властелином судьбы ее. О слава священных прав матери и добродетельной покорности дев славянских!.. Сам Феофил[23] благословил новобрачных. Ксения рыдала в объятиях матери, которая, с нежностию обнимая дочь свою и Мирослава, в то же время принимала с величием усердные поздравления чиновников. Иосиф Делийский именем всех граждан звал юношу в дом Ярославов. "Ты не имеешь родителей, - говорил он, - отечество признает тебя великим сыном своим, и главный защитник прав новогородских да живет там, где князь добродетельный утвердил их своею печатию и где Новгород желает ныне угостить новобрачных!.." "Нет, - ответствовала Марфа, - еще меч Иоаннов не преломился о щит Мирослава или не обагрился его кровию за Новгород!.. - И тихо примолвила: - О верный друг Борецких! Хотя в сей день, в последний раз, да буду матерью одна среди моего семейства!" Она вышла из храма с детьми своими. Чиновники не дерзали следовать за нею, и народ дал новобрачным дорогу, жены знаменитые усыпали ее цветами до самых ворот посадницы. Мирослав вел нежную, томную Ксению (и Новгород никогда еще не видал столь прелестной четы) - впереди Марфа - за нею два сына ее. Музыканты чужеземные шли вдали, играя на своих гармонических орудиях. Граждане забыли опасность и войну, веселие сияло на лицах, и всякий отец, смотря на величественного юношу, гордился им, как сыном своим, и всякая мать, видя Ксению, хвалилась ею, как милою своею дочерью. Марфа веселилась усердием народным: облако всегдашней задумчивости исчезло в глазах ее, она взирала на всех с улыбкою приветливой благодарности.

С самой кончины Исаака Борецкого дом его представлял уныние и пустоту горести: теперь он снова украшается коврами драгоценными и богатыми тканями немецкими, везде зажигаются светильники серебряные, и верные слуги Борецких радостными толпами встречают

---

[23] Тогдашний епископ новогородский.

новобрачных. Марфа садится за стол с детьми своими; ласкает их, целует Ксению и всю душу свою изливает в искренних разговорах. Никогда милая дочь ее не казалась ей столь любезною. "Ксения! - говорит она. - Нежное, кроткое сердце твое узнает теперь новое счастие, любовь супружескую, которой все другие чувства уступают. В ней жена малодушная, осужденная роком на одни жалобы и слезы в бедствиях, находит твердость и решительность, которой могут завидовать герои!.. О дети любезные! Теперь открою вам тайну моего сердца!.. - Она дала знак рукою, и многочисленные слуги удалились. - Было время, и вы помните его, - продолжала Марфа, - когда мать ваша жила единственно для супруга и семейства в тишине дома своего, боялась шума народного и только в храмы священные ходила по стогнам, не знала ни вольности, ни рабства, не знала, повинуясь сладкому закону любви, что есть другие законы в свете, от которых зависит счастие и бедствие людей. О время блаженное! Твои милые воспоминания извлекают еще нежные слезы из глаз моих!.. Кто ныне узнает мать вашу? Некогда робкая, боязливая, уединенная, с смелою твердостию председает теперь в совете старейшин, является на лобном месте среди народа многочисленного, велит умолкнуть тысячам, говорит на вече, волнует народ, как море, требует войны и кровопролития - та, которую прежде одно имя их ужасало!.. Что ж действует в душе моей? Что прсменило ее столь чудесно? Какая сила дает мне власть над умами сограждан? Любовь!.. Одна любовь... к отцу вашему, сему герою добродетели, который жил и дышал отечеством!.. Готовый выступить в поле против литовцев, он казался задумчивым, беспокойным; наконец открыл мне душу свою и сказал: "Я могу положить голову в сей войне кровопролитной; дети наши еще младенцы; с моею смертию умолкнет голос Борецких на вече, где он издревле славил вольность и воспалял любовь к отечеству. Народ слаб и легкомыслен: ему нужна помощь великой души в важных и решительных случаях. Я предвижу опасности, и всех опаснее для нас князь московский, который тайно желает покорить Новгород. О друг моего сердца! Успокой его! Летописи древние сохранили имена некоторых великих жен славянских: клянись мне превзойти их! Клянись заменить Исаака Борецкого в народных советах, когда его не будет на свете! Клянись быть вечным врагом неприятелей свободы новогородской, клянись умереть защитницею прав ее! И тогда умру спокойно..." Я дала клятву... Он погиб вместе с моим счастием... Не знаю, катились ли из глаз моих слезы на гроб его: я не о слезах думала, но обожав супруга, пылала ревностию воскресить в себе душу его. Мудрые предания древности, языки чужеземные, летописи народов вольных, опыты веков просветили мой разум. Я говорила - и старцы с удивлением внимали словам моим, народ добродушный, осыпанный моими благодеяниями, любит и славит меня, чиновники имеют ко мне доверенность, ибо думаю только о славе Новаграда; враги и завистники... Но я презираю Их. Все видят дела мои, но вы, однако, знаете теперь их тайный источник. О Ксения! Я могу служить тебе примером, но ты, юноша, избранный сын моего сердца, желай только сравняться с отцом ее. Он любил супругу и детей своих, но с радостию предал бы нас в жертву отечеству. Гордость, славолюбие, героическая добродетель есть свойство великого мужа: жена слабая бывает сильна одною любовию, но, чувствуя в сердце ее небесное вдохновение, она может превзойти великодушием самых великих мужей и сказать року: "Не страшусь тебя!" Так Ольга любовию к памяти Игоря заслужила бессмертие; так Марфа будет удивлением потомства, если злословие не омрачит дел ее в летописях!.." Она благословила детей и заключилась в уединенном своем тереме, но сон не смыкал глаз ее. В самую глубокую полночь Марфа слышит тихий стук у двери, отворяет ее - и входит человек сурового вида, в одежде нерусской, с длинным мечом литовским, с златою на груди звездою, едва наклоняет свою голову, объявляет себя тайным послом Казимира и представляет Марфе письмо его. Она с гордою скромностию ответствует: "Жена новогородская не знает Казимира; я не возьму грамоты". Хитрый поляк хвалит героиню Великого града, известную в самых отдаленных странах, уважаемую царями и народами. Он уподобляет ее великой дочери Краковой и называет новогородскую Вандою[24]... Марфа внимает ему с равнодушием. Поляк описывает ей величие своего государя, счастие союзников и бедствие врагов его... Она с гордостию садится. "Казимир великодушно предлагает Новугороду свое заступление, - говорит он, - требуйте, и легионы польские окружат вас своими щитами!.." Марфа задумалась... "Когда же спасем вас, тогда..." Посадница быстро взглянула на него... "Тогда благодарные новогородцы должны признать в Казимире своего благотворителя - и властелина, который, без сомнения, не употребит во зло их доверенности..." - "Умолкни!" - грозно восклицает Марфа. Изумленный пылким ее гневом, посол безмолвствует, но, устыдясь робости своей, возвышает голос и хочет доказать необходимую гибель Новагорода, если Казимир не защитит его от князя московского... "Лучше погибнуть от руки Иоанновой, нежели спастись от вашей! - с жаром ответствует Марфа. - Когда вы не были лютыми врагами народа русского! Когда мир надеялся на слово польское? Давно ли сам неверный Амурат удивлялся вероломству вашему?[25] И вы дерзаете мыслить, что народ

---

[24] О сей королеве польские летописи рассказывают чудеса.

[25] Сие происшествие было тогда еще ново. Владислав; король польский, едва заключив торжественный мир с султаном, нечаянно напал на его владения.

великодушный захочет упасть на колена пред вами? Тогда бы Иоанн справедливо укорял нас изменою. Нет! Если угодно небу, то мы падем с мечом в руке пред князем московским: одна кровь течет в жилах наших; русский может покориться русскому, но чужеземцу - никогда, никогда!.. Удались немедленно, и если восходящее солнце осветит тебя еще в стенах новогородских, ты будешь выслан с бесчестием. Так, Марфа любима народом своим, не она велит ему ненавидеть Литву и Польшу... Вот ответ Казимиру!" Посол удалился.

На другой день Новгород представил вместе и грозную деятельность воинского стана и великолепие народного пиршества, данного Марфою в знак ее семейственной радости. Стук оружия раздавался на стогнах. Везде являлись граждане в шлемах и в латах; старцы сидели на Великой площади и рассказывали о битвах юношам неопытным, которые вокруг их толпились, и еще в первый раз видели на себе доспехи блестящие. В то же время бесчисленные столы накрывались вокруг места Вадимова: ударили в колокол, и граждане сели за них; воины клали подле себя оружие и пировали. Рука изобилия подавала яства. Борецкие угощали народ с восточною роскошию. Мирослав и Ксения ходили вокруг столов и просили граждан веселиться. Юный полководец ласково говорил с ними, юная супруга его кланялась им приветливо. В сей день новогородцы составляли одно семейство: Марфа была его матерью. Она садилась за всяким столом, называла граждан своими гостями любезными, служила им, дружески беседовала с ними, хотела казаться равною со всеми и казалась царицею. Громогласные изъявления усердия и радости встречали и провожали ее; когда она говорила, все безмолвствовали; когда молчала, все говорить хотели, чтобы славить и величать посадницу. За первым столом и в первом месте сидел древнейший из новогородских старцев, которого отец помнил еще Александра Невского: внук с седою брадою принес его на пир народный. Марфа подвела к нему новобрачных: он благословил их и сказал: "Живите мои лета, но не переживайте славы Новогородской!.." Сама посадница налила ему серебряный кубок вина фряжского: старец выпил его, и томная кровь начала быстрее в нем обращаться. "Марфа! - говорил он. - Я был свидетелем твоего славного рождения на берегу Невы. Храбрый Молинский занемог в стане: войско не хотело сражаться до его выздоровления. Мать твоя спешила к нему из Великого града, и когда мы разили немецких рыцарей - когда родитель твой, еще бледный и слабый, мечом своим указывал нам путь к их святому прапору, ты родилась. Первый вопль твой был для нас гласом победы, но Молинский упал мертвый на тело великого магистра Рудольфа, им сраженного!.. Финский волхв, живший тогда на берегу

Невы, пророчествовал, что судьба твоя будет славна, но..." Старец умолк. Марфа не хотела изъявить любопытства.

Все чиновники вместе с нею и детьми ее служили народу. Гости иностранные украсили Великую площадь разноцветными пирамидами, изобразив на них имена и гербы вольных городов немецких. Вокруг пирамид в больших корзинах лежали товары чужеземные: Марфа дарила их народу. Мраморный образ Вадимов был увенчан искусственными лаврами; на щите его вырезал Делинский имя Мирослава: граждане, увидев то, воскликнули от радости, и Марфа с чувствителюностию обняла своего друга. Все новогородцы ликовали, не думая о будущем; один Михаил Храбрый не хотел брать участия в народном веселии, сидел в задумчивости подле Вадимовой статуи и в безмолвии острил меч на ее подножии. Пиршество заключилось ввечеру потешными огнями.

Скоро гонец возвратился из Пскова и на лобном месте вручил грамоту степенному посаднику. Он читал - и с печальным видом отдал письмо Марфе... "Друзья! - сказала она знаменитым гражданам. - Псковитяне, как добрые братья, желают Новугороду счастия, - так говорят они, - только дают нам советы, а не войско, - и какие советы? Ожидать всего от Иоанновой милости!.." - "Изменники!" - воскликнули все граждане. "Недостойные!" - повторяли гости чужеземные. "Отомстим им!" - говорил народ. "Презрением!" - ответствовала Марфа, изорвала письмо и на отрывке его написала ко псковитянам: "Доброму желанию не верим, советом гнушаемся, а без войска вашего обойтися можем".

Новгород, оставленный союзниками, еще с большею ревностию начал вооружаться. Ежедневно отправлялись гонцы в его области[26] с повелением высылать войско. Жители берегов Невских, великого озера Ильменя, Онеги, Мологи, Ловати, Шелоны один за другими являлись в общем стане, в который Мирослав вывел граждан новогородских. Усердие, деятельность и воинский разум сего юного полководца удивляли самых опытных витязей. Он встречал на коне солнце, составлял легионы, приучал их к стройному шествию, к быстрым движениям и стремительному нападению в присутствии жен новогородских, которые с любопытством и тайным ужасом смотрели на сей образ битвы. Между станом и вратами Московскими возвышался холм; туда обращался взор Мирослава, как скоро порыв ветра рассевал

---

[26] Они назывались пятинами: Водскою, Обонежскою, Бежецкою, Деревскою, Шелонскою.

облака пыли: там стояла обыкновенно вместе с матерью прелестная Ксения, уже страстная, чувствительная супруга... Сердце невинное и скромное любит тем пламеннее, когда оно, следуя закону божественному и человеческому, навек отдается достойному юноше. Жены славянские издревле славились нежностию. Ксения гордилась Мирославом, когда он блестящим махом меча своего приводил все войско в движение, летал орлом среди полков - восклицал и единым словом останавливал быстрые тысячи; но чрез минуту слезы катились из глаз ее. Она спешила отирать их с милою улыбкою, когда мать на нее смотрела. Часто Марфа сходила с высокого холма и в шумном замешательстве терялась между бесчисленными рядами воинов.

Пришло известие, что Иоанн уже спешит к Великому граду с своими храбрыми, опытными легионами. Еще из дальних областей новогородских, от Каргополя и Двины, ожидали войска, но верховный совет дал вождю повеление, и Мирослав сорвал покров с хоругви отечества... Она возвеялась и громкое восклицание раздалось: "Друзья! В поле!" Сердца родителей и супруг затрепетали. Тысячи колеблются и выступают: первая и вторая состояли из знаменитых граждан новогородских и людей житых; одежда их отличалась богатством, оружие - блеском, осанка - благородством, а сердца - пылкостию;каждый из них мог уже славиться делами мужества или почтенными ранами. Михаил Храбрый шел наряду с другими, как простой воин. Юный Мирослав взял его за руку, вывел вперед и сказал: "Честь витязей! Повелевай сими мужами знаменитыми!" Михаил хотел взглянуть на него с гордостию, но взор его изъявил чувствительность... "Юноша! Я - враг Борецких!.." - "Но друг славы новогородской!" - ответствовал Мирослав, и витязь обнял его, сказав: "Ты хочешь моей смерти!" За сим легионом шла дружина великодушных; под начальством ратсгера любекского. Знамя их изображало две соединенные руки над пылающим жертвенником, с надписью: "Дружба и благодарность!" Они вместе с новогородцами составляли большой полк, онежцы и волховцы - передовой, жители Деревской области - правую, шелонские - левую руку, а невские - стражу[27]. Мирослав велел войску остановиться на равнине... Марфа явилась посреди его и сказала:

"Воины! В последний раз да обратятся глаза ваши на сей град, славный и великолепный: судьба его написана теперь на щитах ваших! Мы встретим вас со слезами радости или отчаяния, прославим героев или устыдимся малодушных. Если возвратитесь с победою, то счастливы

---

[27] Так разделялись тогда армии. Большим полком назывался главный корпус, а стражею, или сторожевым полком, - ариергард.

и родители и жены новогородские, которые обнимут детей и супругов, если возвратитесь побежденные, то будут счастливы сирые, бесчадные и вдовицы!.. Тогда живые позавидуют мертвым!

О воины великодушные! Вы идете спасти отечество и навеки утвердить благие законы его; вы любите тех, с которыми должны сражаться, но почто же ненавидят они величие Новаграда? Отразите их - и тогда с радостию примиримся с ними!

Грядите - не с миром, но с войною для мира! Доныне бог любил нас, доныне говорили народы: "Кто против бога и великого Новаграда! Он с вами: грядите!"

Заиграли на трубах и литаврах. Мирослав вырвался из объятий Ксении. Марфа, возложив руки на юношу, сказала только: "Исполни мою надежду". Он сел на гордого коня, блеснул мечом - и войско двинулось, громко взывая: "Кто против бога и великого Новаграда!" Знамена развевались, оружие гремело и сверкало, земля стонала от конского топота - и в облаках пыли сокрылись грозные тысячи. Жены новогородские не могли удержать слез своих, но Ксения уже не плакала и с твердостию сказала матери: "Отныне ты будешь моим примером!"

Еще много жителей осталось в Великом граде, но тишина, которая в нем царствует по отходе войска, скрывает число их. Торговая сторона[28] опустела: уже иностранные гости не раскладывают там драгоценных своих товаров для прельщения глаз; огромные хранилища, наполненные богатствами земли русской, затворены; не видно никого на месте княжеском, где юноши любили славиться искусством и силою в разных играх богатырских - и Новгород, шумный и воинственный за несколько дней пред тем, кажется великою обителию мирного благочестия. Все храмы отворены с утра до полуночи; священники не снимают риз, свечи не угасают пред образами, фимиам беспрестанно курится в кадилах, и мо-лебное пение не умолкает на крылосах, народ толпится в церквах, старцы и жены преклоняют колена. Робкое ожидание, страх и надежда волнуют сердца, и люди, встречаясь на стогнах, не видят друг друга... Так народ дерзко зовет к себе опасности издали, но, видя их вблизи, бывает робок и малодушен! Одни чиновники кажутся спокойными - одна Марфа тверда душою, деятельна в совете, словоохотна на Великой площади среди граждан и весела с домашними. Юная Ксения не уступает матери в знаках наружного спокойствия, но только не может разлучиться с нею, укрепляясь в душе видом ее геройской твердости. Они вместе проводят дни и ночи. Ксения ходила с матерью даже в совет верховный.

---

[28] Часть города, где жили купцы.

Первый гонец Мирославов нашел их в саду: Ксения поливала цветы - Марфа сидела под ветвями древнего дуба в глубоком размышлении. Мирослав писал, что войско изъявляет жаркую ревность, что все именитые витязи уверяют его в дружбе и всех более Димитрий Сильный, что Иоанн соединил полки свои с тверскими и приближается, что славный воевода московский Василий Образец идет впереди и что Холмский есть главный по князе начальник. Второй гонец привез известие, что новгородцы разбили отряд Иоаннова войска и взяли в плен пятьдесят московских дворян. С третьим Мирослав написал только одно слово: "Сражаемся". Тут сердце Марфы наконец затрепетало: она спешила на Великую площадь, сама ударила в вечевой колокол, объявила гражданам о начале решительной битвы, стала на Вадимовом месте, устремила взор на московскую дорогу и казалась неподвижною. Солнце восходило... Уже лучи его пылали, но еще не было никакого известия. Народ ожидал в глубоком молчании и смотрел на посадницу. Уже наступил вечер... И Марфа сказала: "Я вижу облака пыли". Все руки поднялись к небу... Марфа долго не говорила ни слова... Вдруг, закрыв глаза, громко воскликнула: "Мирослав убит! Иоанн - победитель!" - и бросилась в объятия к несчастной Ксении.

КНИГА ТРЕТИЯ

Марфа с высокого места Вадимова увидела рассеянные тысячи бегущих и среди них колесницу, осененную знаменами: так издревле возили новгородцы тела убитых вождей своих...

Безмолвие мужей и старцев в Великом граде было ужаснее вопля жен малодушных... Скоро посадница ободрилась и велела отпереть врата Московские. Беглецы не смели явиться народу и скрывались в домах. Колесница медленно приближалась к Великой площади. Вокруг ее шли, потупив глаза в землю - с горестию, но без стыда, - люди житые и воины чужеземные; кровь запеклась на их оружии; обломанные щиты, обрубленные шлемы показывали следы бесчисленных ударов неприятельских. Под сению знамен, над телом вождя, сидел Михаил Храбрый, бледный, окровавленный; ветер развевал его черные волосы, и томная глава склонялась ко груди.

Колесница остановилась на Великой площади... Граждане обнимали воинов, слезы текли из глаз их. Марфа подала руку Михаилу с видом сердечного дружелюбия; он не мог идти: чиновники взнесли его на железные ступени Вадимова места. Посадница открыла тело убитого Мирослава... На бледном лице его изображалось вечное спокойствие смерти... "Счастливый юноша!" - произнесла она тихим голосом и спешила внимать Храброму Михаилу. Ксения обливала слезами хладные уста своего друга, но сказала матери: "Будь покойна: я дочь твоя!"

На щитах посадили витязя, от ран ослабевшего, но он собрал изнуренные силы, поднял томную голову, оперся на меч свой и вещал твердым голосом:

"Народ и граждане! Разбито воинство храброе, убит полководец великий! Небо лишило нас победы - не славы!

На берегах Шелоны мы встретились с Иоанном. Его именем князь Холмский требовал тайного свидания с Мирославом. "Увидимся на поле ратном!" - ответствовал гордый юноша - и стройно поставил воинство. Онежцы первые вступили в бой на высотах Шелонских: там Образец, славный воевода московский, принял их удары на щит свой... Мы шли в средине, тихо и в безмолвии. Мирослав впереди наблюдал движения и силу врагов. Воинство Иоанново было многочисленнее нашего; необозримые ряды его теснились на равнине. Мы видели князя московского на белом коне, видели, как он распоряжал легионы и блестящим мечом своим указывал на сердце Новогородское, на хоругвь отечества, видели князя Холмского, с сильным отрядом идущего окружить нас... Мирослав повелел, и стража невская с Димитрием Сильным двинулась навстречу к нему. Вероломный!.. Еще онежцы и волховцы не могли занять бугров шелонских: меч витязя Образца дымился их кровию. Мирослав, пылая нетерпением, летел туда на бурном коне своем: мы взглянули - и знамена новогородские уже развевались на холмах - и волховцы на щитах своих подняли вверх тело убитого начальника московского. Тогда воскликнув громогласно: "Кто против бога и великого Новаграда?", все ряды наши устремились в битву и сразились... На сей равнине - затрещало оружие, и кровь полилась рекою. Я видал битвы, но никогда такой не видывал. Грудь русская была против груди русской, и витязи с обеих сторон хотели доказать, что они славяне. Взаимная злоба братии есть самая ужасная!.. Тысячи падали, но первые ряды казались целы и невредимы: каждый пылал ревностию заступить место убитого и безжалостно попирал ногою труп своего брата, чтобы только отмстить смерть его. Воины Иоанновы стояли твердынею непоколебимою, новогородские стремились на них, как бурные волны. Одни сражались за честь, другие за честь и вольность: мы шли вперед!.. за полководцем нашим, который искал взором Иоанна. Князь московский был окружен знаменитыми витязями;

Мирослав рассек сию крепкую ограду - поднял руку - и медлил. Сильный оруженосец Иоаннов ударил его мечом в главу, и шлем распался на части: он хотел повторить удар, но сам Иоанн закрыл Мирослава щитом своим. Опасность вождя удвоила наши силы - и скоро главная дружина московская замешалась.. Новогородцы воскликнули победу, но в то же мгновение имя Иоанново гремело за нами... Мы с удивлением обратили взор: князь Холмский с тылу разил левое крыло новогородское... Димитрий изменил согражданам!.. Не исполнил повелений вождя, завел стражу в непроходимые блата, не встретил врага и дал ему время окружить наше войско. Мирослав спешил ободрить изумленных шелонцев: он помог им только умереть великодушнее! Герой сражался без шлема, но всякий усердный воин новогородский служил ему щитом. Он увидел Димитрия среди московской дружины - последним ударом наказал изменника и пал от руки Холмского, но, падая на берегу Шелоны, бросил меч свой в быстрые воды ее..."

Тут ослабел голос Михаила, взор помрачился облаком, бледные уста онемели, меч выпал из руки его, он затрепетал - взглянул на образ Вадимов и закрыл навеки глаза свои... Чиновники положили тело его на колесницу, рядом с Мирославовым.

"Народ! - сказал Александр Знаменитый, старший из витязей, - благослови намять Михаила! Он вышел из битвы с хоругвию отечества, с телом Мирослава, обагренный кровию бесчисленных врагов и собственною, собрал остатки храбрых людей житых, дружины великодушных и в самом бедствии казался грозным Иоанну - враги видели нас еще не мертвых и стояли неподвижно. Радость победы изображалась на их лицах вместе с ужасом: они купили ее смертию славнейших московских витязей. Народ и чиновники! Многие новогородцы погибли славно: радуйтесь! Некоторые спаслися бегством: презирайте малодушных! Мы живы, но не стыдимся! Сочтите знаменитых граждан: их осталось менее половины, все они легли вокруг хоругви отечества". - "Сочтите нас! - сказал начальник дружины великодушных, - из семи сот чужеземных братий новогородских видите третию часть: все они легли вокруг Мирослава". "Убиты ли сыны мои?" - спросила Марфа с нетерпением. "Оба", - ответствовал Александр Знаменитый[29] с горестию. "Хвала небу! - сказала посадница. - Отцы и матери новогородские! Теперь я могу утешать вас!.. Но прежде, о народ, будь строгим, неумолимым судиею и реши судьбу мою! Унылое молчание царствует на Великой площади; я вижу знаки

---

[29] В летописях сказано, что сын ее Димитрий был взят в плен.

отчаяния на многих лицах. Может быть, граждане сожалеют о том, что они не упали на колена пред Иоанном, когда Холмский объявил нам полю его властвовать в Новегороде; может быть, тайно обвиняют меня, что я хотела оживить в сердцах гордость народную!.. Пусть говорят враги мои, и если они докажут, что сердца новогородские не ответствуют моему сердцу, что любовь к свободе есть преступление для гражданки вольного отечества, то я не буду оправдываться, ибо славлюсь моею виною и с радостию кладу голову свою на плаху. Пошлите ее в дар Иоанну и смело требуйте его милости!.."

"Нет, нет! - воскликнул народ в живейшем усердии. - Мы хотим умереть с тобою! Где враги твои? Где друзья Иоанновы? Пусть говорят они: мы пошлем их головы к князю московскому!" Отцы, которые лишились детей в битве шелонской, тронутые великодушием Марфы, целовали одежду ее и говорили: "Прости нам! Мы плакали!.." Слезы текли из глаз Марфы. "Народ! - сказала она. - С такою душою ты еще не побежден Иоанном! Нет величия без опасностей и бедствий: небо искушает ими любимцев своих. Бывали тучи над Великим градом, но отцы наши не опускали мечей, и мы родились свободными. Издревле счастие воинское славится превратностию. Новгород видал тела полководцев на лобном месте, видал надменного врага пред стенами своими: кто ж входил в них доныне! Одни друзья его. Народ великодушный! Будь тверд и спокоен! Еще не все погибло! Борецкая жива и говорит с тобою! Когда железные ступени перестанут звучать под ногами моими, когда взор твой в час решительный напрасно будет искать меня на Вадимовом месте, когда в глубокую ночь погаснет лампада в моем высоком тереме и не будет уже для тебя знаком, что Марфа при свете ее мыслит о благе Новаграда, тогда, тогда скажи: "Все погибло!.." Теперь, друзья сограждане, воздадим последнюю честь вождю Мирославу и витязю Михаилу! Чиновники ваши пекутся о безопасности града". Она дала знак рукою, и колесница тронулась. Чиновники и народ проводили ее до Софийского храма. Феофил с духовенством встретил их. Степенный посадник и тысячский положили тела во гробы.

Глубокая ночь наступила. Никто не мыслил успокоиться в Великом граде. Чиновники поставили стражу и заключились в доме Ярослава для совета с Марфою. Граждане толпились на стогнах и боялись войти в домы свои - боялись вопля жен и матерей отчаянных. Утомленные воины не хотели отдохновения, стояли пред Вадимовым местом, облокотись на щиты свои, и говорили: "Побежденные не отдыхают!" Ксения молилась над телом Мирослава.

На заре утренней раздалось святое пение в Софийском храме.

Гробы витязей были открыты. Марфа, Ксения, старец, родитель Михайлов, и воины с окровавленными знаменами окружали их. Горесть изображалась на лицах, никто не дерзал стенать и плакать. Иосиф Делинский именем Новаграда положил во гробы хартию славы!..[30] Их опустили в землю под веянием хоругви отечества. Посадница стала на могилу; она держала в руке цветы и говорила: "Честь и слава храбрым! Стыд и поношение робким! Здесь лежат знаменитые витязи: совершились их подвиги; они успокоились в могиле и ничем уже не должны отечеству, но отечество должно им вечною благодарностию. О воины новогородские! Кто из вас не позавидует сему жребию! Храбрые и малодушные умирают: блажен, о ком жалеют верные сограждане и чьею смертию они гордятся! Взгляните на сего старца, родителя Михайлова: согбенный летами и болезнями, бесчадный при конце жизни, он благодарит небо, ибо Новгород погребает великого сына его. Взгляните на сию вдовицу юную: брачное пение соединилось для нее с гимнами смерти, но она тверда и великодушна, ибо ее супруг умер за отечество... Народ! Если всевышнему угодно сохранить бытие твое, если грозная туча рассеется над нами и солнце озарит еще торжество свободы в Новегороде, то сие место да будет для тебя священно! Жены знаменитые да украшают его цветами, как я теперь украшаю ими могилу любезнейшего из сынов моих... (Марфа рассыпала цветы)... и витязя храброго, некогда врага Борецких, но тень его примирилась со мною: мы оба любили отечество!.. Старцы, мужи и юноши да славят здесь кончину героев и да клянут память изменника Димитрия!" - "Клятва, вечная клятва его имени и роду!" - воскликнули все чиновники и граждане, - и брат Димитрия упал мертвый в толпе народной, - и супруга его отчаянная бросилась в шумную глубину Волхова.

Уже легионы Иоанновы приближались к Великому граду и медленно окружали его: народ с высоких стен смотрел на их грозные движения. Уже белый шатер княжеский, златым шаром увенчанный, стоял пред вратами Московскими - и степенный тысячский отправился послом к Иоанну. Новогородцы, готовые умереть за вольность, тайно желали сохранить ее миром. Марфа знала сердца народные, душу великого князя и спокойно ожидала его ответа. Тысячский возвратился с лицом печальным: она велела ему объявить всенародно успех посольства... "Граждане! - сказал он. - Ваши мудрые чиновники думали, что князь московский хотя и победитель, но самою победою, трудною и случайною, уверенный в великодушии новогородском, может еще примириться с нами... Бояре ввели меня в шатер Иоанна... Вы знаете его

---

[30] На сих хартиях (говорит автор) изображались славные дела усопшего.

72

величие: гордым взором и повелительным движением руки он требовал от меня знаков рабского унижения... "Князь Московский! - я вещал ему. - Новгород еще свободен! Он желает мира, не рабства. Ты видел, как мы умираем за вольность: хочешь ли еще напрасного кровопролития? Пощади своих витязей: отечеству русскому нужна сила их. Если казна твоя оскудела, если богатство новогородское прельщает тебя - возьми наши сокровища: завтра принесем их в стан твой с радостию, ибо кровь сограждан нам драгоценнее злата, но свобода и самой крови нам драгоценнее. Оставь нас только быть счастливыми под древними законами, и мы назовем тебя своим благотворителем, скажем: "Иоанн мог лишить нас верховного блага и не сделал того; хвала ему". Но если не хочешь мира с людьми свободными, то знай, что совершенная победа над ними должна быть их истреблением, а мы еще дышим и владеем оружием; знай, что ни ты, ни преемники твои не будут уверены в искренней покорности Новаграда, доколе древние степы его не опустеют или не примут в себя жителей, чуждых крови нашей!" - "Покорность без условия или гибель мятежникам!" - ответствовал Иоанн и с гневом отвратил лицо свое. - Я удалился".

Марфа предвидела действие: народ в страшном озлоблении требовал полководца и битвы. Александру Знаменитому вручили жезл начальства - и битвы начались...

Дела славные и великие! Одни русские могли с обеих сторон так сражаться, могли так побеждать и быть побеждаемы. Опытность, хладнокровие мужества и число благоприятствовали Иоанну; пылкая храбрость одушевляла новогородцев, удвояла силы их, заменяла опытность; юноши, самые отроки становились в ряды на место убитых мужей, и воины московские не чувствовали ослабления в ударах, противников. С торжеством возглашалось имя великого князя: иногда, хотя и редко, имя вольности и Марфы бывало также радостным кликом победителей (ибо вольность и Марфа одно знаменовали в Великом граде). Часто Иоанн, видя славную гибель упорных новогородцев, восклицал горестно: "Я лишаюсь в них достойных моего сердца подданных!" Бояре московские советовали ему удалиться от града, но великая душа его содрогалась от мысли уступить непокорным. "Хотите ли, - он с гневом ответствовал, - хотите ли, чтобы я венец Мономаха положил к ногам мятежников?.." И суровые муромцы, жители темных лесов, усердные владимирцы спешили к нему на вспоможение. Три раза обновлялась дружина княжеская, из храбрых дворян состоящая, и знамена ее (на которых изображались слова: "С нами бог и государь!") дымились кровью.

Как Иоанн величием своим одушевлял легионы московские, так

73

Марфа в Новегороде воспаляла умы и сердца. Народ, часто великодушный, нередко слабый, унывал духом, когда новые тысячи приходили в стан княжеский. "Марфа! - говорил он. - Кто наш союзник? Кто поможет Великому граду?.." - "Небо, - ответствовала посадница. - Влажная осень наступает, блата, нас окружающие, скоро обратятся в необозримое море, всплывут шатры Иоанновы, и войско его погибнет или удалится". Луч надежды не угасал в сердцах, и новогородцы сражались. Марфа стояла на стене, смотрела на битвы и держала в руке хоругвь отечества; иногда, видя отступление новогородцев, она грозно восклицала и махом святой хоругви обращала воинов в битву. Ксения не разлучалась с нею и, видя падение витязей, думала: "Так пал Мирослав любезный!" Казалось, что сия невинная, кроткая душа веселилась ужасами кровопролития - столь чудесно действие любви! Сии ужасы живо представляли ей кончину друга: Ксения всего более хотела и любила заниматься ею. Она знала Холмского по его оружию и доспехам, обагренным кровию Мирослава; огненный взор се звал все мечи, все удары новогородские на главу московского полководца, но железный щит его отражал удары, сокрушал мечи, и рука сильного витязя опускалась с тяжкими язвами и гибелию на смелых противников. Александр Знаменитый с веселием спешил на ратное поле, с видом горести возвращался; он предвидел неминуемое бедствие отечества, искал только славной смерти и нашел ее среди московской дружины. С того времени одни храбрые юноши заступали место вождей новогородских, ибо юность всего отважнее. Никто из них не умирал без славного дела.

В одну ночь степенный посадник собрал знатнейших бояр на думу - и при восходе солнца ударили в вечевой колокол. Граждане летели на Великую площадь, и все глаза устремились на Вадимово место: Марфа и Ксения вели на его железные ступени пустынника Феодосия. Народ общим криком изъявил свое радостное удивление. Старец взирал на него дружелюбно, обнимал знатных чиновников - и сказал, подняв руки к небу: "Отечество любезное! Приими снова в недра свои Феодосия!.. В счастливые дни твои я молился в пустыне, но братья мои гибнут, и мне должно умереть с ними, да совершится клятвенный обет моей юности и род Молинских!.." Иосиф Делийский, провождаемый тысячскими и боярами, несет златую цепь из Софийского храма, возлагает ее на старца и говорит ему: "Будь еще посадником Великого града! Исполни усердное желание верховного совета! С радостию уступаю тебе мое достоинство: я могу владеть оружием; могу умереть в поле!.. Народ! Объяви волю свою!.." - "Да будет! Да будет!" - громогласно ответствовали граждане, и Марфа сказала: "О славное торжество любви к отечеству!

Старец, которого Новгород уже давно оплакал, как мертвого, воскресает для его служения! Отшельник, который в тишине пустыни и земных страстей забыл уже все радости и скорби человека, вспомнил еще обязанности гражданина: оставляет мирную пристань и хочет делить с нами опасности времен бурных! Народ и граждане! Можете ли отчаиваться? Можете ли сомневаться в небесной благости, когда небо уступает нам своего избранного, когда столетняя мудрость и добродетель будет председать в верховном совете? Возвратился Феодосии: возвратится и благоденствие, которым вы некогда под его мудрым правлением наслаждались. Тогда воспоминание минувших бедствий, искусивших твердость сердец новогородских, обратится в славу нашу, и мы будем тем счастливее, ибо слава есть счастие великих народов!"

Делинский и Марфа убедили Феодосия торжественно явиться в Великом граде; они думали, что сия нечаянность сильно подействует на воображение народа, и не обманулись. Граждане лобызали руки старца, подобно детям, которые в отсутствие отца были несчастливы и надеются, что опытная мудрость его прекратит беды их. Долговременное уединение и святая жизнь напечатлели на лице Феодосия неизъяснимое величие, но он мог служить отечеству только усердными обетами чистой души своей - и бесполезными, ибо суды вышнего непременны!

Новый посадник, следуя древнему обыкновению, должен был угостить народ: Марфа приготовила великолепное пиршество, и граждане еще дерзнули веселиться! Еще дух братства оживил сердца! Они веселились на могилах, ибо каждый из них уже оплакал родителя, сына или брата, убитых на Шелоне и во время осады кровопролитной. Сие минутное счастливое забвение было последним благодеянием судьбы для новогородцев.

Скоро открылось новое бедствие, скоро в Великом граде, лишенном всякого сообщения с его областями хлебородными, житницы народные, знаменитых граждан и гостей чужеземных опустели. Еще несколько времени усердие к отечеству терпеливо сносило недостаток: народ едва питался и молчал. Осень наступала, ясная и тихая. Граждане всякое утро спешили на высокие стены и видели - шатры московские, блеск оружия, грозные ряды воинов; все еще думали, что Иоанн удалится, и малейшее движение в его стане казалось им верным знаком отступления... Так надежда возрастает иногда с бедствием, подобно светильнику, который, готовясь угаснуть, расширяет пламя свое... Марфа страдала во глубине души, но еще являлась народу в виде спокойного величия, окруженная символами изобилия и дарами земными: когда ходила по стогнам, многочисленные слуги носили за нею корзины с хлебами; она раздавала их, встречая бледные, изнуренные лица - и народ еще благословлял ее великодушие. Чиновники день и ночь были в собрании. Уже некоторые из них молчанием изъявляли, что они не одобряют упорства посадницы и Делийского, некоторые даже советовали войти в переговоры с Иоанном, но Делинский грозно подымал руку, столетний Феодосий седыми власами отирал слезы свои, Марфа вступала в храмину совета, и вес снова казались твердыми. - Граждане, гонимые тоскою из домов своих, нередко видали по ночам, при свете луны, старца Феодосия, стоящего на коленях пред храмом Софийским; юная Ксения вместе с ним молилась, но мать ее, во время тишины и мрака, любила уединяться на кладбище Борецких, окруженном древними соснами: там, облокотясь на могилу супруга, она сидела в глубокой задумчивости, беседовала с его тению и давала ему отчет в делах своих. Наконец ужасы глада сильно обнаружились, и страшный вопль, предвестник мятежа, раздался на стогнах. Несчастные матери взывали: "Грудь наша иссохла, она уже не питает младенцев!" Добрые сыны новогородские восклицали: "Мы готовы умереть, но не можем видеть лютой смерти отцов наших!" Борецкая спешила на Вадимово место, указывала на бледное лицо свое, говорила, что она разделяет нужду с братьями новогородскими и что великодушное терпение есть должность их... В первый раз народ не хотел уже внимать словам ее, не хотел умолкнуть; с изнурением телесных сил и самая душа его ослабела; казалось, что все погасло в ней и только одно чувство глада терзало несчастных. Враги посадницы дерзали называть ее жестокою, честолюбивою, бесчеловечною... Она содрогнулась... Тайные друзья Иоанновы кричали пред домом Ярославовым: "Лучше служить князю московскому, нежели Борецкой; он возвратит изобилие Новуграду: она хочет обратить его в могилу!.." Марфа, гордая, величавая, - вдруг упадает на колена, поднимает руки и смиренно молит народ выслушать ее. Граждане, пораженные сим великодушным унижением, безмолвствуют... "В последний раз, - вещает она, - в последний раз заклинаю вас быть твердыми еще несколько дней! Отчаяние да будет нашею силою! Оно есть последняя надежда героев. Мы еще сразимся с Иоанном, и небо да решит судьбу нашу!.." Все воины в одно мгновение обнажили мечи свои, взывая: "Идем, идем сражаться!" Друзья Иоанновы и враги посадницы умолкли. Многие из граждан прослезились, многие сами упали на колена пред Марфою, называли ее материю новогородскою и снова клялись умереть великодушно. Сия минута была еще минутою торжества сей гордой жены. Врата Московские отворились, воины спешили в поле: она вручала хоругвь отечества Делинскому, который обнял своего друга и, сказав: "Прости навеки!", удалился.

Войско Иоанново встретило новгородцев... Битва продолжалась три часа, она была чудесным усилием храбрости... Но Марфа увидела наконец хоругвь отечества в руках Иоаннова оруженосца, знамя дружины великодушных - в руках Холмского, увидела поражение своих, воскликнула: "Совершилось!", прижала любезную дочь к сердцу, взглянула на лобное место, на образ Вадимов - и тихими шагами пошла в дом свой, опираясь на плечо Ксении. Никогда не казалась она величественнее и спокойнее.

Делийский погиб в сражении, остатки воинства едва спаслися. Граждане, чиновники хотели видеть Марфу, и широкий двор ее наполнился толпами людей: она растворила окно, сказала: "Делайте что хотите!" - и закрыла его. Феодосии, по требованию народа, отправил послов к Иоанну: Новгород отдавал ему все свои богатства, уступал наконец все области, желая единственно сохранить собственное внутреннее правление. Князь московский ответствовал: "Государь милует, но не приемлет условий". Феодосии в глубокую ночь, при свете факелов, объявил гражданам решительный ответ великого князя... Взор их невольно искал Марфы, невольно устремился на высокий терем ее: там угасла ночная лампада! Они вспомнили слова посадницы... Несколько времени царствовало горестное молчание. Никто не хотел первый изъявить согласия на требование Иоанна; наконец друзья его ободрились и сказали: "Бог покоряет нас князю московскому; он будет отцом Новаграда". Народ пристал к ним и молил старца быть его ходатаем. Граждане в сию последнюю ночь власти народной не смыкали глаз своих, сидели на Великой площади, ходили по стогнам, нарочно приближались к вратам, где стояла воинская стража, и на вопрос ее: "Кто они?" - еще с тайным удовольствием ответствовали: "Вольные люди новогородские!" Везде было движение, огни не угасали в домах: только в жилище Борецких все казалось мертвым.

Солнце восходило - и лучи его озарили Иоанна, сидящего на троне, под хоругвию новогородскою, среди воинского стана, полководцев и бояр московских взор его сиял величием и радостию. Феодосии медленно приближался к трону; за ним шли все чиновники Великого града. Посадник стал на колена и вручил князю серебряные ключи от врат Московских - тысячские преломили жезлы свои, и старосты пяти концов новогородских положили секиры к ногам Иоанновым. Слезы лились из очей Феодосия. "Государь Новаграда!" - сказал он, и все бояре московские радостно воскликнули: "Да здравствует великий князь всея России и Новаграда!.." - "Государь! - продолжал старец. - Судьба наша в руках твоих. Отныне воля самовластителя будет для нас единственным законом. Если мы, рожденные под иными уставами, кажемся тебе виновными, да падут наши головы! Все чиновники, все граждане виновны, ибо все любили свободу! Если простишь нас, то будем верными подданными: ибо сердца русские не знают измены, и клятва их надежна. Твори, что угодно владыке самодержавному!.." Иоанн дал знак рукою, и Холмский поднял Феодосия. "Суд мой есть провосудие и милость! - вещал он. - Милость всем чиновникам и народу..." - "Милость! Милость!" - воскликнули бояре московские. "Милость! Милость!" - радостно повторяло все войско: казалось, что она ему была объявлена, - столь добродушны русские! Одни чиновники новогородские стояли в мрачном безмолвии, потупив глаза в землю. "Бог судил меня с новогородцами, - сказал Иоанн, - кого наказал он, того милую! Идите; да узнает народ, что Иоанн желает быть отцом его!" Он дал тайное повеление Холмскому, который, взяв с собою отряд воинов, занял врата Московские и принял начальство над градом: окрестные селения спешили доставить изобилие его изнуренным жителям.

Друзья Борецких хотели видеть Марфу: она и дочь ее сидели в тереме за рукодельем... "Не бойся мести Иоанновой, - сказали друзья, - он всех прощает". Марфа ответствовала им гордою улыбкою - и в сие мгновение застучало оружие в доме ее. Холмский входит, ставит воинов у дверей и велит боярам новогородским удалиться. Марфа, не изменяясь в лице, дружелюбно подала им руку и сказала: "Видите, что князь московский уважает Борецкую: он считает ее врагом опасным! Простите!.. Вам еще можно жить..." Бояре удалились. Холмский с угрозами начал ее допрашивать о мнимых тайных связях с Литвою; посадница молчала и спокойно шила золотом. Видя непреклонную твердость ее, он смягчил голос и сказал: "Марфа! Государь поверит одному слову твоему..." - "Вот оно, - ответствовала посадница, - пусть Иоанн велит умертвить меня и тогда может не страшиться ни Литвы, ни Казимира, ни самого Новаграда!.." Князь, благородный сердцем, вышел, удивляясь ее великодушию. Граждане толпились вокруг дома Борецких: напрасно воины хотели удалить их, но вдруг раздался звон колокольный во всех пяти концах, и народ, всегда любопытный, забыл на время судьбу Марфы: он спешил навстречу к Иоанну, который с величием и торжеством въезжал в Новгород, под сению хоругви отечества, среди легионов многочисленных, в венце Мономаха и с мечом в руке.

Марфа, заключенная в доме своем, услышала звон колокольный и громкие восклицания: "Да здравствует государь всея России и Великого Новаграда!.." - "Давно ли, - сказала она милой дочери, которая, положив голову на грудь ее, с нежным умилением смотрела ей в глаза, - давно ли сей народ славил Марфу и вольность? Теперь он увидит кровь мою и не покажет слез своих, иногда с горестию будет воспоминать меня, но происшествия новые скоро займут всю душу его, и только слабые, хладные следы бытия моего останутся в преданиях суетного любопытства!.. И геройство пылает огнем дел великих, жертвует драгоценным спокойствием и всеми милыми радостями жизни... кому? Неблагодарным! Я могла бы наслаждаться счастием семейственным, удовольствиями доброй матери, богатством, благотворением, всеобщею любовию, почтением людей и - самою нежною горестию о великом отце твоем, но я все принесла в жертву свободе моего народа: самую чувствительность женского сердца - и хотела ужасов войны; самую нежность матери - и не могла плакать о смерти сынов моих!.. (Тут в первый раз глаза Марфы наполнились слезами раскаяния)... Прости мне, тень великодушного супруга! Сие движение было последним гласом женской слабости. Я клялась заступить твое место в отечестве и, конечно, исполнила клятву свою: ибо князь московский считает меня достойною погибнуть вместе с вольностию новогородскою! Ты позавидовал бы моей доле, если бы еще дышал для отечества; самая неблагодарность народа возвысила бы в глазах твоих цену великодушной жертвы: награда признательности уменьшает ее. Теперь я спокойно ожидаю смерти!.. Знаю Иоанна, он знает Марфу и должен одним ударом сразить гордость новогородскую: кто дерзнет восстать против монарха, который наказал Борецкую?.. Герои древности, побеждаемые силою и счастием, лишали себя жизни; бесстрашные боялись казни: я не боюсь ее. Небо должно располагать жизнию и смертию людей; человек волен только в своих делах и чувствах". Ксения слушала мать свою и разумела слова ее.

Иоанн пред храмом Софийским сошел с коня: Феофил и духовенство встретили его со крестами. Сей великий государь принес жертву моления и благодарности всевышнему. Все славные воеводы московские, преклонив колена, слезами изъявляли радость свою. Иоанн в доме Ярослава угостил роскошною трапезою бояр новогородских и державною рукою своею сыпал злато на беднейших граждан, которые искренне и добросердечно славили его благотворительность. Не грозный чужеземный завоеватель, но великий государь русский победил русских: любовь отца-монарха сияла в очах его.

Ввечеру многочисленные стражи явились на стогнах и повелели гражданам удалиться, но любопытные украдкою выходили из домов и видели, в глубокую полночь, Иоанна и Холмского, в тишине идущих к Софийскому храму; два воина освещали их путь факелом, остановились в ограде, и великий князь наклонился на могилу юного Мирослава; казалось, что он изъявлял горесть и с жаром упрекал Холмского смертию сего храброго витязя... Новгородцы вспомнили тогда, что государь щитом своим отразил меч оруженосца, хотевшего умертвить Мирослава; удивлялись - и никогда не могли сведать тайны Иоаннова благоволения к юноше. - Сии любопытные приведены были в ужас другим зрелищем: они видели множество пламенников на Великой площади, слышали стук секир - и высокий эшафот явился пред домом Ярослава. Новгородцы думали, что Иоанн нарушит слово и что гнев его поразит всех именитых граждан.

На рассвете загремели воинские бубны. Все легионы московские были в движении, и Холмский с обнаженным мечом скакал по стогнам. Народ трепетал, но собирался на Великой площади узнать судьбу свою. Там, на эшафоте, лежала секира. От конца Славянского до места Вадимова стояли воины с блестящим оружием и с грозным видом; воеводы сидели на конях пред своими дружинами. Наконец железные запоры упали, и врата Борецких растворились, выходит Марфа в златой одежде и в белом покрывале. Старец Феодосий несет образ пред нею. Бледная, но твердая Ксения ведет ее за руку. Копья и мечи окружают их. Не видно лица Марфы, но так величаво ходила она всегда по стогнам, когда чиновники ожидали ее в совете или граждане на вече. Народ и воины соблюдали мертвое безмолвие, ужасная тишина царствовала; посадница остановилась пред домом Ярослава. Феодосий благословил ее. Она хотела обнять дочь свою, но Ксения упала; Марфа положила руку на сердце ее - знаком изъявила удовольствие и спешила на высокий эшафот - сорвала покрывало с головы своей: казалась томною, но спокойною - с любопытством посмотрела на лобное место (где разбитый образ Вадимов лежал во прахе) - взглянула на мрачное, облаками покрытое небо - с величественным унынием опустила взор свой на граждан... приближалась к орудию смерти и громко сказала народу: "Подданные Иоанна! Умираю гражданкою новогородскою!.." Не стало Марфы... Многие невольно воскликнули от ужаса, другие закрыли глаза рукою. Тело посадницы одели черным покровом... Ударили в бубны - и Холмский, держа в руке хартию, стал на бывшем Вадимовом месте. Бубны умолкли... Он снял пернатый шлем с головы своей и читал громогласно следующее:

"Слава правосудию государя! Так гибнут виновники мятежа и кровопролития! Народ и бояре! не ужасайтесь: Иоанн не нарушит слова: на вас милующая десница его. Кровь Борецкой примиряет вражду единоплеменных; одна жертва, необходимая для вашего спокойствия, навеки утверждает сей союз неразрывный. Отныне предадим забвению все минувшие бедствия; отныне вся земля русская будет вашим любезным отечеством, а государь великий - отцом и главою. Народ! Не

80

вольность, часто гибельная, но благоустройство, правосудие и безопасность суть три столпа гражданского счастия: Иоанн обещает их вам пред лицом бога всемогущего..."

Тут князь московский явился на высоком крыльце Ярославова дому, безоружен и с главою открытою: он взирал на граждан с любовию и положил руку на сердце. Холмский читал далее:

"Обещает России славу и благоденствие, клянется своим и всех его преемников именем, что польза народная во веки веков будет любезна и священна самодержцам российским - или да накажет бог клятвопреступника! Да исчезнет род его и новое, небом благословенное поколение да властвует на троне ко счастию людей!"[31]

Холмский надел шлем. Легионы княжеские взвыли: "Слава и долголетие Иоанну!" Народ еще безмолвствовал. Заиграли на трубах - и в единое мгновение высокий эшафот разрушился. На месте его возвеялось белое знамя Иоанново, и граждане наконец воскликнули: "Слава государю российскому!"

Старец Феодосий снова удалился в пустыню и там, на берегу великого озера Ильменя, погреб тела Марфы и Ксении. Гости чужеземные вырыли для них могилу и на гробе изобразили буквы, которых смысл доныне остается тайною. Из семи сот немецких граждан только пятьдесят человек пережили осаду новогородскую: они немедленно удалились во свои земли. Вечевой колокол был снят с древней башни и отвезен в Москву: народ и некоторые знаменитые граждане далеко провожали его. Они шли за ним с безмолвною горестию и слезами, как нежные дети за гробом отца своего.

ОСТРОВ БОРНГОЛЬМ

Друзья! прошло красное лето, златая осень побледнела, зелень увяла, дерева стоят без плодов и без листьев, туманное небо волнуется, как мрачное море, зимний пух сыплется на хладную землю - простимся с природою до радостного весеннего свидания, укроемся от вьюг и метелей - укроемся в тихом кабинете своем! Время не должно тяготить нас: мы знаем лекарство от скуки. Друзья! Дуб и береза пылают в камине нашем -

---

[31] Род Иоаннов пересекся, и благословенная фамилия Романовых царствует.

пусть свирепствует ветер и засыпает окна белом снегом! Сядем вокруг алого огня и будем рассказывать друг другу сказки, и повести, и всякие были.

Вы знаете, что я странствовал в чужих землях, далеко, далеко от моего отечества, далеко от вас, любимых моему сердцу, видел много чудного, слышал много удивительного, многое вам рассказывал, но не мог рассказать всего, что случалось со мною. Слушайте - я повествую - повествую истину, не выдумку.

Англия была крайним пределом моего путешествия. Там сказал я самому себе: "Отечество и друзья ожидают тебя; время успокоиться в их объятиях, время посвятить страннический жезл твой сыну Маину (Во время древности странники, возвращаясь в отечество, посвящали жезлы свои Меркурию.), время повесить его на густейшую ветвь того дерева, под которым играл ты в юных летах своих",- сказал и сел в Лондоне на корабль "Британию", чтобы плыть к любезным странам России.

Быстро катились мы на белых парусах вдоль цветущих берегов величественной Темзы. Уже беспредельное море засинелось перед нами, уже слышали мы шум его волнения - но вдруг переменился ветер, и корабль наш, в ожидании благоприятнейшего времени, должен был остановиться против местечка Гревзенда.

Вместе с капиталом вышел я на берег, гулял с покойным сердцем по зеленым лугам, украшенным природою и трудолюбием, - местам редким и живописным; наконец, утомленный жаром солнечным, лег на траву, под столетним вязом, близ морского берега, и смотрел на влажное пространство, на пенистые валы, которые в бесчисленных рядах из мрачной отдаленности неслися к острову с глухим ревом. Сей унылый шум и вид необозримых вод начинали склонять меля к той дремоте, к тому сладостному бездействию души, в котором все идеи и все чувства останавливаются и цепенеют, подобно вдруг замерзающим ключевым струям, и которое есть самый разительнейший и самый пиитический образ смерти; но вдруг ветви потряслись над моею головою... Я взглянул и увидел - молодого человека, худого, бледного, томного, - более привидение, нежели человека. В одной руке держал он гитару, другою срывал листочки с дерева и смотрел на синее море неподвижными черными глазами своими, в которых сиял последний луч угасающей жизни. Взор мой не мог встретиться с его вторым: чувства его были мертвы для внешних предметов; он стоял в двух шагах от меня, но не видал ничего, не слыхал ничего. - "Несчастный молодой человек! - думал я. - Ты убит роком. Не знаю ни имели, ни рода твоего; но знаю, что ты несчастлив!"

Он вздохнул, поднял глаза к небу, опустил их опять на волны морские

- отошел от дерева, сел на траву, заиграл на своей гитаре печальную прелюдию, смотря беспрестанно на море, и запел тихим голосом следующую песню (на датском языке, которому учил меня в Женеве приятель мой доктор NN):

Законы осуждают
Предмет моей любви:
Но кто, о сердце! может
Противиться тебе?

Какой закон святее
Твоих врожденных чувств?
Какая власть сильнее
Любви и красоты?

Люблю- любить ввек буду.
Кляните страсть мою,
Безжалостные души,
Жестокие сердца!

Священная природа!
Твой нежный друг и сын
Невинен пред тобою.
Ты сердце мне дала;

Твои дары благие
Украсили ее -
Природа! Ты хотела,
Чтоб Лилу я любил!

Твой гром гремел над нами,
Но нас не поражал,
Когда мы наслаждались
В объятиях любви. -

О Борнгольм, милый Борнгольм!
К тебе душа моя
Стремится беспрестанно;
Но тщетно слезы лью,

Томлюся и вздыхаю!
Навек я удален
Родительскою клятвой
От берегов твоих!

Еще ли ты, о Лила!
Живешь в тоске своей?
Или в волнах шумящих
Скончала злую жизнь?

Явися мне, явися,
Любезнейшая тень!
Я сам в волнах шумящих
С тобою погребусь.

Тут, по невольному внутреннему движению, хотел я броситься к незнакомцу и прижать его к сердцу своему, но капитан мой в самую сию минуту взял меня за руку и сказал, что благоприятный ветер развевает наши парусы и что нам не должно терять времени. - Мы поплыли. Молодой человек, бросив гитару и сложив руки, смотрел вслед за нами - смотрел на синее море.

Волны пенились под рулем корабля нашего, берег гревзендский скрылся в отдалении, северные провинции Англии чернелись на другом краю горизонта - наконец все исчезло, и птицы, которые долго вились над нами, полетели назад к берегу, как будто бы устрашенные необозримостию моря. Волнение шумных вод и туманное небо остались единственным предметом глаз наших, предметом величественным и страшным. - Друзья мои! Чтобы живо чувствовать всю дерзость человеческого духа, надобно быть на открытом море, где одна тонкая дощечка, как говорит Виланд, отделяет нас от влажной смерти, но где искусный пловец, распуская парусы, летит и в мыслях своих видит уже блеск золота, которым в другой части мира наградится смелая его предприимчивость. "Nil mortalibus arduum est" - "Нет для смертных невозможного", - думал я с Горацием, теряясь взором в бесконечности Нептунова царства.

Но скоро жестокий припадок морской болезни лишил меня чувства. Шесть дней глаза мои не открывались, и томное сердце, орошаемое пеною бурных волн, едва билось в груди моей. В седьмой день я ожил и хотя с бледным, но радостным лицом вышел на палубу. Солнце по чистому лазоревому своду катилось уже к западу, море, освещаемое златыми его лучами, шумело, корабль летел на всех парусах по грудам рассекаемых валов, которые тщетно силились опередить его. Вокруг нас, в разном отдалении, развевались белые, голубые и розовые флаги, а на правой стороне чернелось нечто подобное земле.

"Где мы?" - спросил я у капитана. - "Плавание наше благополучно, - сказал он, - мы прошли Зунд; берега Швеции скрылись от глаз наших. На правой стороне видите вы датский остров Борнгольм, место опасное для кораблей; там мели и камни таятся на дне морском. Когда наступит ночь, мы бросим якорь".

"Остров Борнгольм, остров Борнгольм!" - повторил я в мыслях, и образ молодого гревзендского незнакомца оживился в душе моей. Печальные звуки и слова песни его отозвались в моем слухе. "Они заключают в себе тайну сердца его, - думал я, - но кто он? Какие законы осуждают любовь несчастного? Какая клятва удалила его от берегов Борнгольма, столь ему милого? Узнаю ли когда-нибудь его историю?"

Между тем сильный ветер нес нас прямо к острову. Уже открылись грозные скалы его, откуда с шумом и пеною свергались кипящие ручьи во глубину морскую. Он казался со всех сторон неприступным, со всех сторон огражденным рукою величественной натуры; ничего, кроме страшного, не представлялось на седых утесах. С ужасом видел я там образ хладной, безмолвной вечности, образ неумолимой смерти и того неописанного творческого могущества, перед которым все смертное трепетать должно.

Солнце погрузилось в волны - и мы бросили якорь. Ветер утих, и море едва-едва колебалось. Я смотрел на остров, который неизъяснимою силою влек меня к берегам своим; темное предчувствие говорило мне: "Там можешь удовлетворить своему любопытству, и Борнгольм останется навеки в твоей памяти!" - Наконец, узнав, что недалеко от берега есть рыбачьи хижины, решился я просить у капитана шлюпки и ехать на остров с двумя или тремя матросами. Он говорил об опасности, о подводных камнях, но, видя непреклонность своего пассажира, согласился исполнить мое требование с тем условием, чтобы я на другой день рано поутру на корабль возвратился.

Мы поплыли и благополучно пристали к берегу в небольшом тихом заливе. Тут встретили нас рыбаки, люди грубые и дикие, выросшие на хладной стихии, под шумом валов морских и незнакомые с улыбкою дружелюбного приветствия; впрочем, не хитрые и не злые люди. Услышав, что мы желаем посмотреть острова и ночевать в их хижинах, они привязали нашу лодку и повели нас, сквозь распавшуюся кремнистую гору, к своим жилищам. Через полчаса вышли мы на пространную зеленую равнину, где, подобно как на долинах альпийских, рассеяны были низенькие деревянные домики, рощицы и громады камней. Тут оставил я своих матросов, а сам пошел далее, чтобы наслаждаться еще несколько времени приятностями вечера; мальчик лет тринадцати был проводником моим.

Алая заря не угасла еще на светлом небе, розовый свет ее сыпался на белые граниты и вдали, за высоким холмом, освещал острые башни древнего замка. Мальчик не мог сказать мне, кому принадлежал сей замок. "Мы туда не ходим, - говорил он, - и бог знает, что там делается!" - Я удвоил шаги свои и скоро приблизился к большому готическому зданию, окруженному глубоким рвом и высокою стеною. Везде царствовала тишина, вдали шумело море, последний луч вечернего света угасал на медных шпицах башен.

Я обошел вокруг замка - ворота были заперты, мосты подняты. Проводник мой боялся, сам не зная чего, и просил меня идти назад к хижинам, но мог ли любопытный человек уважить такую просьбу?

Наступила ночь, и вдруг раздался голос - эхо повторило его, и опять все умолкло. Мальчик от страха схватил меня обеими руками и дрожал, как преступник в час казни. Через минуту снова раздался голос - спрашивали: "Кто там?" - "Чужеземец, - сказал я, - приведенный любопытством на сей остров, и если гостеприимство почитается добродетелию в стенах вашего замка, то вы укроете странника на темное время ночи".- Ответа не было, но через несколько минут загремел и опустился с верху башни подъемный мост, с шумом отворились ворота - высокий человек, в длинном черном платье, встретил меня, взял за руку и повел в замок. Я оборотился назад, но мальчик, провожатый мой, скрылся.

Ворота хлопнули за нами, мост загремел и поднялся. Через обширный двор, заросший кустарником, крапивою и полынью, пришли мы к огромному дому, в котором светился огонь. Высокий перистиль в древнем вкусе вел к железному крыльцу, которого ступени звучали под ногами нашими. Везде было мрачно и пусто. В первой зале, окруженной внутри готическою колоннадою, висела лампада и едва-едва изливала бледный свет на ряды позлащенных столпов, которые от древности начинали разрушаться; в одном месте лежали части карниза, в другом отломки пилястров, в третьем целые упавшие колонны. Путеводитель мой несколько раз взглядывал на меня проницательными глазами, но не говорил ни слова. Все сие сделало в сердце моем странное впечатление, смешанное отчасти с ужасом, отчасти с тайным неизъяснимым удовольствием или, лучше сказать, с приятным ожиданием чего-то чрезвычайного.

Мы прошли еще через две или три залы, подобные первой и освещенные такими же лампадами. Потом отворилась дверь направо - в углу небольшой комнаты сидел почтенный седовласый старец, облокотившись на стол, где горели две белые восковые свечи. Он поднял голову, взглянул на меня с какою-то печальною лаской, подал мне слабую свою руку и сказал тихим, приятным голосом: "Хотя вечная горесть обитает в стенах здешнего замка, но странник, требующий гостеприимства, всегда найдет в нем мирное пристанище. Чужеземец! Я не знаю тебя, но ты человек - в умирающем сердце моем жива еще любовь к людям - мой дом, мои объятия тебе отверсты".- Он обнял, посадил меня и, стараясь развеселить мрачный вид свой, уподоблялся хотя ясному, но хладному осеннему дню, который напоминает более горестную зиму, нежели радостное лето. Ему хотелось быть приветливым, - хотелось улыбкою вселить в меня доверенность и приятные чувства дружелюбия, но знаки сердечной печали, углубившиеся на лице его, не могли исчезнуть в одну минуту.

"Ты должен, молодой человек, - сказал он, - ты должен известить меня о происшествиях света, мною оставленного, но еще не совсем забытого. Давно живу я в уединении, давно не слышу ничего о судьбе людей. Скажи мне, царствует ли любовь на земном шаре? Курится ли фимиам на алтарях добродетели? Благоденствуют ли пароды в странах, тобою виденных?" - "Свет наук, - отвечал я, - распространяется более и более, но еще струится на земле кровь человеческая - льются слезы несчастных - хвалят имя добродетели и спорят о существе ее".- Старец вздохнул и пожал плечами. Узнав, что я россиянин, сказал он: "Мы происходим от одного народа с вашим. Древние жители островов Рюгена и Борнгольма были славяне. Но вы прежде нас озарились светом христианства. Уже великолепные храмы, единому богу посвященные, возносились к облакам в странах ваших, но мы, во мраке идолопоклонства, приносили кровавые жертвы бесчувственным истуканам. Уже в торжественных гимнах славили вы великого творца вселенной, но мы, ослепленные заблуждением, хвалили в нестройных песнях идолов баснословия". - Старец говорил со мною об истории северных народов, о происшествиях древности и новых времен, говорил так, что я должен был удивляться уму его, знаниям и даже красноречию.

Через полчаса он встал и пожелал мне доброй ночи. Слуга в черном платье, взяв со стола одну свечу, повел меня через длинные узкие переходы - и мы вошли в большую комнату, обвешанную древним оружием, мечами, копьями, латами и шишаками. В углу, под золотым балдахином, стояла высокая кровать, украшенная резьбою и древними барельефами.

Мне хотелось предложить множество вопросов сему человеку, но он, не дожидаясь их, поклонился и ушел; железная дверь хлопнула - звук страшно раздался в пустых стенах - и все утихло. Я лег на постелю - смотрел на древнее оружие, освещаемое сквозь маленькое окно слабым лучом месяца, - думал о своем хозяине, о первых словах его: "Здесь обитает вечная горесть",- мечтал о временах прошедших, о тех приключениях, которым сей древний замок бывал свидетелем, - мечтал, подобно такому человеку, который между гробов и могил взирает на прах умерших и оживляет его в своем воображении. - Наконец образ печального гревзендского незнакомца представился душе моей, и я заснул.

Но сон мой не был покоен. Мне казалось, что все латы, висевшие на стене, превратились в рыцарей, что сии рыцари приближались ко мне с обнаженными мечами и с гневным лицом говорили: "Несчастный! Как дерзнул ты пристать к нашему острову? Разве не бледнеют плаватели при виде гранитных берегов его? Как дерзнул ты войти в страшное святилище замка? Разве ужас его не гремит во всех окрестностях? Разве странник не удаляется от грозных его башен? Дерзкий! Умри за сие пагубное любопытство!" - Мечи застучали надо мною, удары сыпались на грудь мою, - но вдруг все скрылось, - я пробудился и через минуту опять заснул. Тут новая мечта возмутила дух мой. Мне казалось, что страшный "гром раздавался в замке, железные двери стучали, окна тряслися, пол колебался, и ужасное крылатое чудовище, которое описать не умею, с ревом и свистом летело к моей постели. Сновидение исчезло, но я не мог уже спать, чувствовал нужду в свежем воздухе, приблизился к окну, увидел подле него маленькую дверь, отворил ее и по крутой лестнице сошел в сад.

Ночь была ясная, свет полной луны осребрял темную зелень на древних дубах и вязах, которые составляли густую, длинную аллею. Шум морских волн соединялся с шумом листьев, потрясаемых ветром. Вдали белелись каменные горы, которые, подобно зубчатой стене, окружают остров Борнгольм; между ими и стенами замка виден был с одной стороны большой лес, а с другой - открытая равнина и маленькие рощицы.

Сердце все еще билось у меня от страшных сновидений, и кровь моя не переставала волноваться. Я вступил в темную аллею, под кров шумящих дубов и с некоторым благоговением углублялся во мрак ее. Мысль о друидах возбудилась в душе моей - и мне казалось, что я приближаюсь к тому святилищу, где хранятся все таинства и все ужасы их богослужения.

Наконец сия длинная аллея привела меня к розмаринным кустам, за коими возвышался песчаный холм. Мне хотелось взойти на вершину его, чтобы оттуда при свете ясной луны взглянуть на картину моря и острова, но тут представилось глазам моим отверстие во внутренность холма;

человек с трудом мог войти в него. Непреодолимое любопытство влекло меня в сию пещеру, которая походила более на дело рук человеческих, нежели на произведение дикой натуры. Я вошел - почувствовал сырость и холод, но решился идти далее и, сделав шагов десять вперед, рассмотрел несколько ступеней вниз и широкую железную дверь; она, к моему удивлению, была не заперта. Как будто бы невольным образом рука моя отворила ее - тут, за железною решеткою, на которой висел большой замок, горела лампада, привязанная ко своду, а в углу, на соломенной постеле, лежала молодая бледная женщина в черном платье. Она спала; русые волосы, с которыми переплелись желтые соломинки, закрывали высокую грудь ее, едва, едва дышащую; одна рука, белая, но иссохшая, лежала на земле, а на другой покоилась голова спящей. Если бы живописец хотел изобразить томную, бесконечную, всегдашнюю скорбь, осыпанную маковыми цветами Морфея, то сия женщина могла бы служить прекрасным образцом для кисти его.

Друзья мои! Кого не трогает вид несчастного! Но вид молодой женщины, страдающей в подземной темнице, - вид слабейшего и любезнейшего из всех существ, угнетенного судьбою, - мог бы влить чувство в самый камень. Я смотрел на нее с горестию и думал сам в себе: "Какая варварская рука лишила тебя дневного света? Неужели за какое-нибудь тяжкое преступление? Но миловидное лицо твое, но тихое движение груди твоей, но собственное сердце мое уверяют меня в твоей невинности!"

В самую сию минуту она проснулась - взглянула на решетку - увидела меня - изумилась - подняла голову - встала - приблизилась - потупила глаза в землю, как будто бы собираясь с мыслями, - снова устремила их на меня, хотела говорить и - не начинала.

"Если чувствительность странника, - сказал я через несколько минут молчания, - рукою судьбы приведенного в здешний замок и в эту пещеру, может облегчить твою участь, если искреннее его сострадание заслуживает твою доверенность, требуй его помощи!" - Она смотрела на меня неподвижными глазами, в которых видно было удивление, некоторое любопытство, нерешимость и сомнение. Наконец, после сильного внутреннего движения, которое как будто бы электрическим ударом потрясло грудь ее, отвечала твердым голосом: "Кто бы ты пи был, каким бы случаем ни зашел сюда, чужеземец, я не могу требовать от тебя ничего, кроме сожаления. Не в твоих силах переменить долю мою. Я лобызаю руку, которая меня наказывает". - "Но сердце твое невинно? - сказал я, - оно, конечно, не заслуживает такого жестокого наказания?" - "Сердце мое, - отвечала она, - могло быть в заблуждении. Бог простит слабую. Надеюсь, что жизнь моя скоро кончится. Оставь меня, незнакомец!" - Тут приблизилась она к решетке, взглянула на меня с ласкою и тихим голосом повторила: "Ради бога, оставь меня!.. Если он сам послал тебя - тот, которого страшное проклятие гремит всегда в моем слухе, - скажи ему, что я страдаю, страдаю день и ночь, что сердце мое высохло от горести, что слезы не облегчают уже тоски моей. Скажи, что я без ропота, без жалоб сношу заключение, что я умру его нежною, несчастною..." - Она вдруг замолчала, задумалась, удалилась от решетки, стала на колени и закрыла руками лицо свое, через минуту посмотрела на меня, снова потупила глаза в землю и сказала с нежною робостию: "Ты, может быть, знаешь мою историю, но если не знаешь, то не спрашивай меня - ради бога, не спрашивай!.. Чужеземец, прости!" - Я хотел идти, сказав ей несколько слов, излившихся прямо из души моей, но взор мой еще встретился с ее взором - и мне показалось, что она хочет узнать от меня нечто важное для своего сердца. Я остановился, - ждал вопроса, но он, после глубокого вздоха, умер на бледных устах ее. Мы расстались.

Вышедши из пещеры, не хотел я затворить железной двери, чтобы свежий, чистый воздух сквозь решетку проник в темницу и облегчил дыхание несчастной. Заря алела на небе, птички пробудились, ветерок свевал росу с кустов и цветочков, которые росли вокруг песчаного холма. - "Боже мой! - думал я. - Боже мой! Как горестно быть исключенным из общества живых, вольных, радостных тварей, которыми везде населены необозримые пространства натуры! В самом севере, среди высоких мшистых скал, ужасных для взора, творение руки твоей прекрасно, - творение руки твоей восхищает дух и сердце. И здесь, где пенистые волны от начала мира сражаются с гранитными утесами, - и здесь десница твоя напечатлела живые знаки творческой любви и благостию и здесь в час утра розы цветут на лазоревом небе, и здесь нежные зефиры дышат ароматами, и здесь зеленые ковры расстилаются, как мягкий бархат, под ногами человека, и здесь поют птички - поют весело для веселого, печально для печального, приятно для всякого, и здесь скорбящее сердце в объятиях чувствительной природы может облегчиться от бремени своих горестей! Но - бедная, заключенная в темнице, не имеет сего утешения: роса утренняя не окропляет ее томного сердца, ветерок не освежает истлевшей груди, лучи солнечные не озаряют помраченных глаз ее, тихие бальзамические излияния луны не питают души ее кроткими сновидениями и приятными мечтами. Творец! Почто даровал ты людям гибельную власть делать несчастными друг друга и самих себя?" - Силы мои ослабели, и глаза закрылись, под ветвями высокого дуба, на мягкой зелени. Сон мой продолжался около двух часов.

"Дверь была отворена; чужестранец входил в пещеру",- вот что услышал я, проснувшись, - открыл глаза и увидел старца, хозяина своего;

он сидел в задумчивости на дерновой лавке, шагах в пяти от меня; подле него стоял тот человек, который ввел меня в замок. Я подошел к ним.

Старец взглянул на меня с некоторою суровостию, встал, пожал мою руку - и вид его сделался ласковее. Мы вошли вместе в густую аллею, не говоря ни слова. Казалось, что он в душе своей колебался и был в нерешимости, но вдруг остановился и, устремив на меня проницательный, огненный взор, спросил твердым голосом: "Ты видел ее?" - "Видел, - отвечал я, - видел, не узнав, кто она и за что страдает в темнице". - "Узнаешь, - сказал он,- узнаешь, молодой человек, и сердце твое обольется кровию. Тогда спросишь у самого себя: за что небо излияло всю чашу гнева своего на сего слабого, седого старца, старца, который любил добродетель, который чтил святые законы его?" - Мы сели под деревом, и старец рассказал мне ужаснейшую историю - историю, которой вы теперь не услышите, друзья мои; она остается до другого времени. На сей раз скажу вам одно то, что я узнал тайну гревзендского незнакомца - тайну страшную!

Матросы дожидались меня у ворот замка. Мы возвратились на корабль, подняли парусы, и Борнгольм скрылся от глаз наших.

Море шумело. В горестной задумчивости стоял я на палубе, взявшись рукою за мачту. Вздохи теснили грудь мою - наконец я взглянул на небо - и ветер свеял в море слезу мою.

РЫЦАРЬ НАШЕГО ВРЕМЕНИ

ВСТУПЛЕНИЕ

С некоторого времени вошли в моду исторические романы. Неугомонный род людей, который называется авторами, тревожит священный прах Нум, Аврелиев, Альфредов, Карломанов и, пользуясь исстари присвоенным себе правом (едва ли правым), вызывает древних героев из их тесного домика (как говорит Оссиан), чтобы они, вышедши на сцену, забавляли нас своими рассказами. Прекрасная кукольная комедия! Один встает из гроба в длинной римской тоге, с седою головою; другой в коротенькой гишпанской епанче, с черными усами — и каждый,

91

протирая себе глаза, начинает свою повесть с яиц Леды. Только привыкнув к глубокому могильному сну, они часто зевают; а с ними вместе... и читатели сих исторических небылиц. Я никогда не был ревностным последователем мод в нарядах; не хочу следовать и модам в авторстве; не хочу будить усопших великанов человечества; не люблю, чтоб мои читатели зевали, — и для того, вместо исторического романа, думаю рассказать романическую историю одного моего приятеля. Впрочем, не любо — не слушай, а говорить не мешай: вот мое невинное правило!

Глава I

РОЖДЕНИЕ МОЕГО ГЕРОЯ

Если спросите вы, кто он? то я... не скажу вам. «Имя не человек», — говорили русские в старину. Но так живо, так живо опишу вам свойства, все качества моего приятеля — черты лица, рост, походку его — что вы засмеетесь и укажете на него пальцем... «Следственно, он жив?» Без сомнения; и в случае нужды может доказать, что я не лжец и не выдумал на него ни слова, ни дела — ни печального, ни смешного. Однако ж... надобно как-нибудь назвать его; частые местоимения в русском языке неприятны: назовем его — Леоном.

На луговой стороне Волги, там, где впадает в нее прозрачная река Свияга и где, как известно по истории Натальи, боярской дочери, жил и умер изгнанником невинным боярин Любославский, — там, в маленькой деревеньке родился прадед, дед, отец Леонов; там родился и сам Леон, в то время, когда природа, подобно любезной кокетке, сидящей за туалетом, убиралась, наряжалась в лучшее свое весеннее платье; белилась, румянилась... весенними цветами; смотрелась с улыбкою в зеркало... вод прозрачных и завивала себе кудри... на вершинах древесных — то есть в мае месяце, и в самую ту минуту, как первый луч земного света коснулся до его глазной перепонки, в ореховых кусточках запели вдруг соловей и малиновка, а в березовой роще закричали вдруг филин и кукушка: хорошее и худое предзнаменование! по которому осьми-десятилетняя повивальная бабка, принявшая Леона на руки, с веселою усмешкою и с печальным вздохом предсказала ему счастье и несчастье в жизни, вёдро и ненастье, богатство и нищету, друзей и неприятелей, успех в любви и рога при случае. Читатель увидит, что мудрая бабка имела в самом деле дар пророчества... Но мы не хотим заранее открывать будущего.

Отец Леонов был русский коренной дворянин, израненный отставной капитан, человек лет в пятьдесят, ни богатый, ни убогий, и — что всего важнее — самый добрый человек; однако ж нимало не сходный характером с известным дядею Тристрама Шанди — добрый по-своему и на русскую стать. После турецких и шведских кампаний возвратившись на свою родину, он вздумал жениться — то есть не совсем вовремя — и женился на двадцатилетней красавице, дочери самого ближнего соседа, которая, несмотря на молодые лета свои, имела удивительную склонность к меланхолии, так что целые дни могла просиживать в глубокой задумчивости; когда же говорила, то говорила умно, складно и даже с разительным красноречием; а когда взглядывала на человека, то всякому хотелось остановить на себе глаза ее: так они были приветливы и милы!.. Красавицы нашего времени! Будьте покойны: я не хочу сравнивать ее с вами — но должен, в изъяснение душевной ее любезности, открыть за тайну, что она знала жестокую; жестокая положила на нее печать свою — и мать героя нашего никогда не была бы супругою отца его, если бы жестокий в апреле месяце сорвал первую фиалку на берегу Свияги!.. Читатель уже догадался; а если нет, то может — подождать. Время снимает завесу со всех темных случаев. Скажем только, что сельская наша красавица вышла замуж непорочная душою и телом; и что она искренно любила супруга, во-первых — за его добродушие, а во-вторых — и потому, что сердце ее никем другим не было... уже занято.

Глава II

КАКОВ ОН РОДИЛСЯ

Юные супруги, с милым нетерпением ожидающие плода от брачного нежного союза вашего! Если вы хотите иметь сына, то каким его воображаете? Прекрасным?.. Таков был Леон. Беленьким, полненьким, с розовыми губками, с греческим носиком, с черными глазками, с кофейными волосками на кругленькой головке: не правда ли?.. Таков был Леон. Теперь вы имеете об нем идею: поцелуйте же его в мыслях и ласковою улыбкою ободрите младенца жить на свете, а меня — быть его историком!

Глава III

ЕГО ПЕРВОЕ МЛАДЕНЧЕСТВО

Но что говорить о младенчестве? Оно слишком просто, слишком невинно, а потому и совсем нелюбопытно для нас, испорченных людей. Не спорю, что в некотором смысле можно назвать его счастливым временем, истинною Аркадиею жизни; но потому-то и нечего писать об нем. Страсти, страсти! Как вы ни жестоки, как ни пагубны для нашего спокойствия, но без вас нет в свете ничего прелестного; без вас жизнь наша есть пресная вода, а человек — кукла; без вас нет ни трогательной истории, ни занимательного романа. Назовем младенчество прекрасным лужком, на который хорошо взглянуть, который хорошо похвалить двумя, тремя словами, но которого описывать подробно не советую никакому стихотворцу. Страшные дикие скалы, шумные реки, черные леса, африканские пустыни действуют на воображение сильнее долин Темпейских. Как? Для чего? Не знаю; но знаю то, что самый нежный друг детей, хваля и хваля их невинность, их счастие, скоро будет зевать и задремлет, если глазам или мыслям его не представится что-нибудь совсем противное сей невинности, сему счастию.

Однако ж читатель обидит меня, если подумает, что я таким отзывом, хочу закрыть песчаную бесплодность моего воображения и скорее поставить точку. Нет, нет! Клянусь Аполлоном, что я мог бы набрать довольно цветов для украшения этой главы; мог бы, не отходя от исторической истины, описать живыми красками нежность Леоновой родительницы; мог бы, не нарушая ни Аристотелевых, ни Горациевых правил, десять раз переменить слог, быстро паря вверх и плавно опускаясь вниз, — то рисуя карандашом, то расписывая кистью — мешая важные мысли для ума с трогательными чертами для сердца; мог бы, например, сказать:

«Тогда не было еще «Эмиля», в котором Жан-Жак Руссо так красноречиво, так убедительно говорит о священном долге матерей и читая которого прекрасная Эмилия, милая Лидия отказываются ныне от блестящих собраний и нежную грудь свою открывают не с намерением прельщать глаза молодых сластолюбцев, а для того, чтобы питать ею своего младенца; тогда не говорил еще Руссо, но говорила уже природа, и мать героя нашего сама была его кормилицею. Итак, не удивительно, что Леон на заре жизни своей плакал, кричал и немог реже других младенцев: молоко нежных родительниц есть для детей и лучшая пища и лучшее лекарство. От колыбели до маленькой кроватки, от жестяной гремушки до маленького раскрашенного конька, от первых нестройных звуков голоса до внятного произношения слов Леон не знал неволи, принуждения, горя и сердца. Любовь питала, согревала, тешила, веселила его; была первым впечатлением его души, первою краскою, первою чертою на белом листе ее чувствительности[32]. Уже внешние предметы начали возбуждать его внимание; уже и взором, и движением руки, и словами часто спрашивал он у матери: «Что вижу? Что слышу?», уже научился он ходить и бегать, — но ничто не занимало его так, как ласки родительницы, никакого вопроса не повторял он столь часто, как: «Маменька! Что тебе надобно?», никуда не хотел идти от нее и, только ходя за нею, ходить научился.

Не правда ли, что это могло бы иному полюбиться? Тут есть живопись, и антитезы, и приятная игра слов. Но я мог бы идти еще далее; мог бы прибавить:

«Вот основание характера его! Первое воспитание едва ли не всегда решит и судьбу и главные свойства человека. Душа Леонова образовалась любовью и для любви. Теперь обманывайте, терзайте его, жестокие люди! Он будет воздыхать и плакать; но никогда — или по крайней мере долго, долго сердце его не отвыкнет от милой склонности наслаждаться собою в другом сердце; не отстанет от нежной привычки жить для кого-нибудь, несмотря на все горести, на все свирепые бури, которые волнуют жизнь чувствительных. Так верный подсолнечник не перестает никогда обращаться к солнцу; обращается к нему и тогда, как грозные облака затмевают светило дня — и поутру и ввечеру, — и тогда, как сам он начинает уже вянуть и сохнуть; всё, всё к нему обращается, до последней минуты растительного бытия своего!»

Надеюсь, что один зоил не похвалил бы сего места, особливо ж нового, разительного сравнения чувствительных сердец, которые всегда стремятся к любви, с цветком подсолнечником, всегда клонящимся к солнцу. Надеюсь, что некоторые милые мои читательницы вздохнули бы из глубины сердца и велели бы вырезать сей цветок на своих печатях.

«Конец главе!» — скажет читатель. Нет, я мог бы еще многое придумать и раскрасить; мог бы наполнить десять, двадцать страниц описанием Леонова детства; например, как мать была единственным его лексиконом; то есть как она учила его говорить и как он, забывая слова других, замечал и помнил каждое ее слово; как он, зная уже имена всех птичек, которые порхали в их саду и в роще, и всех цветов, которые росли на лугах и в поле, не знал еще, каким именем называют в свете дурных людей и дела их; как развивались первые способности души его; как

---

[32] Локк говорит, кажется, что душа рожденного младенца есть белый лист бумаги.

быстро она вбирала в себя действия внешних предметов, подобно весеннему лужку, жадно впивающему первый весенний дождь; как мысли и чувства рождались в ней, подобно свежей апрельской зелени; сколько раз в день, в минуту нежная родительница целовала его, плакала и благодарила небо; сколько раз и он маленькими своими ручонками обнимал ее, прижимаясь к ее груди; как голос его тверже и тверже произносил: «Люблю тебя, маменька!» и как сердце его время от времени чувствовало это живее!

Слова мои текли бы рекою, если бы я только хотел войти в подробности; но не хочу, не хочу! Мне еще многое надобно описывать; берегу бумагу, внимание читателя, и... конец главе!

Глава IV

КОТОРАЯ НАПИСАНА ТОЛЬКО ДЛЯ ПЯТОЙ

Государи мои! Вы читаете не роман, а быль: следственно, автор не обязан вам давать отчета в происшествиях. Так было точно!.. — и более не скажу ни слова. Кстати ли? У места ли? Не мое дело. Я иду только с пером вслед за судьбою и описываю, что творит она по своему всемогуществу, — для чего? спросите у нее; но скажу вам наперед, что ответа не получите. Семь тысяч лет (если верить хронографам) чудесит она в мире и никому еще не изъяснила чудес своих. Заглянем ли в историю или посмотрим, что вокруг нас делается: везде сфинксовы загадки, которых и сам Эдип не отгадает. — Роза вянет, терние остается; столетний дуб, благодетель странников, падет на землю от громового удара; ядовитое дерево стоит невредимо на своем корне. Петр Великий, среди благодетельных замыслов для отечества, хладеет в объятиях смерти; ничтожный человек нередко два раза из века в век переходит. Юный счастливец, которого жизнь можно назвать улыбкою судьбы и природы, угасает в минуту, как метеор: злополучный, ненужный для света, тягостный для самого себя живет и не может дождаться конца своего... Что ж нам делать? Плакать, у кого есть слезы, и хотя изредка утешаться мыслию, что здешний свет есть только пролог драмы!

Глава V

ПЕРВЫЙ УДАР РОКА

Дунул северный ветер на нежную грудь нежной родительницы, и гений жизни ее погасил свой факел!.. Да, любезный читатель, она простудилась, и в девятый день с мягкой постели переложили ее на жесткую: в гроб — а там и в землю — и засыпали, как водится, — и забыли в свете, как водится... Нет, поговорим еще о последних ее минутах.

Герой наш был тогда семи лет. Во всю болезнь матери он не хотел идти прочь от ее постели; сидел, стоял подле нее; глядел беспрестанно ей в глаза; спрашивал: «Лучше ли тебе, милая?» — «Лучше, лучше», — говорила она, пока говорить могла, — смотрела на него: глаза ее наполнялись слезами — смотрела на небо — хотела ласкать любимца души своей и боялась, чтобы ее болезнь не пристала к нему — то говорила с улыбкою: «Сядь подле меня», то говорила со вздохом: «Поди от меня!..» Ах! Он слушался только первого; другому приказанию не хотел повиноваться.

Надобно было силою оттащить его от умирающей. «Постойте, постойте! — кричал он со слезами. — Маменька хочет мне что-то сказать; я не отойду, не отойду!..» Но маменька отошла между тем от здешнего света.

Его вынесли, хотели утешать: напрасно!.. Он твердил одно: «К милой!», вырвался наконец из рук няни, прибежал, увидел мертвую на столе, схватил ее руку: она была как дерево, — прижался к ее лицу: оно было как лед... «Ах, маменька!» — закричал он и упал на землю. Его опять вынесли, больного, в сильном жару.

Отец рвался, плакал: он любил супругу, как только мог любить. Сердцу его известны были горести в жизни; но сей удар судьбы казался ему первым несчастием...

С бледным лицом, с распущенными седыми волосами стоял он подле гроба, когда отпевали усопшую; рыдая, прощался с нею; с жаром целовал ее лицо и руки; сам опускал в могилу; бросил на гроб первую горсть земли; стал на колени; поднял вверх глаза и руки; сказал: «На небесах душа твоя! Мне недолго жить остается!» и тихими шагами пошел домой. Сын его лежал в забытьи; он сел подле кровати и думал: «Неужели и ты пойдешь вслед за матерью? Неужели вы меня одного оставите?.. Да будет воля всевышнего!» — Леон открыл глаза, встал и протянул к отцу руки, говоря: «Где она? где она?» — «С ангелами, друг мой!» — «И не будет к нам назад?» — «Мы к ней будем».— «Скоро ли?» — «Скоро, друг мой; время летит и для печальных». — Они обнялися, заплакали: старец лил слезы вместе с младенцем!.. Им стало легче.

И ты, о благотворное время! Спеши излить целебный свой бальзам на рану их сердца! И ты, подобно Морфею, рассыпаешь маковые цветы забвения: брось несколько цветочков на юного моего героя: ах! он еще не созрел для глубокой, беспрестанной горести; и много, много еще будет ему случаев тосковать в жизни! Пощади его младенчество! Не забудь утешить и старца: он был всегда добрым человеком; рука его, вооруженная лютым долгом воина, убивала гордых неприятелей, но сердце его никогда не участвовало в убийстве; никогда нога его, в самом пылу сражения, не ступала бесчеловечно на трупы несчастных жертв: он любил погребать их и молиться о спасении душ. Благотворное время! Успокой старца; дай ему еще несколько мирных лет, хотя для того, чтобы он мог посвятить их на воспитание сына. Пусть иногда воспоминают они о любезной, но без тоски и страдания; пусть удар горести изредка отдается в их сердце, но тише и тише, подобно эху, которое повторяется слабее, слабее, и наконец... замолкает.

Читатель! Я хочу, чтобы мысль о покойной осталась в душе твоей: пусть она притаится во глубине ее, но не исчезнет! Когда-нибудь мы дадим тебе в руки маленькую тетрадку — и мысль сия оживится — и в глазах твоих сверкнут слезы — или я... не автор.

Глава VI

УСПЕХИ В УЧЕНЬИ, ОБРАЗОВАНИИ УМА И ЧУВСТВА

Итак, летящее время обтерло своими крылами слезы горестных, и всякий снова принялся за свое дело: отец — за хозяйство, а сын — за часовник. Сельский дьячок, славнейший грамотей в околотке, был первым учителем Леона и не мог нахвалиться его понятием, «В три дни, — рассказывал он за чудо другим грамотеям, — в три дни затвердить все буквы, в неделю — все склады; в другую — разбирать слова и титлы: этого не видано, не слыхано! В ребенке будет путь».

В самом деле, он имел необыкновенное понятие и через несколько месяцев мог читать все церковные книги, как «Отче наш»; так же скоро выучился и писать; так же скоро начал разбирать и печать светскую, к удивлению соседственных дворян, при которых отец нередко заставлял читать Леона, чтобы радоваться в душе своей их похвалами. Первая светская книга, которую маленький герой наш, читая и читая, наизусть вытвердил, была Езоповы «Басни»: отчего во всю жизнь свою имел он редкое уважение к бессловесным тварям, помня их умные рассуждения в книге греческого мудреца, и часто, видя глупости людей, жалел, что они не имеют благоразумия скотов Езоповых.

Скоро отдали Леону ключ от желтого шкапа, в котором хранилась библиотека покойной его матери и где на двух полках стояли романы, а на третьей несколько духовных книг: важная эпоха в образовании его ума и сердца! «Дайра, восточная повесть», «Селим и Дамасина», «Мирамонд», «История лорда N» — всё было прочтено в одно лето, с таким любопытством, с таким живым удовольствием, которое могло бы испугать иного воспитателя, но которым отец Леонов не мог нарадоваться, полагая, что охота ко чтению каких бы то ни было книг есть хороший знак в ребенке. Только иногда по вечерам говаривал он сыну: «Леон! Не испорти глаз. Завтре день будет; успеешь начитаться». А сам про себя думал: «Весь в мать! бывало, из рук не выпускала книги. Милый ребенок! Будь во всем похож на нее; только будь долголетнее!»

Но чем же романы пленяли его? Неужели картина любви имела столько прелестей для осьми— или десятилетнего мальчика, чтобы он мог забывать веселые игры своего возраста и целый день просиживать на одном месте, впиваясь, так сказать, всем детским вниманием своим в нескладицу «Мирамонда» или «Дайры»? Нет, Леон занимался более происшествиями, связию вещей и случаев, нежели чувствами любви романической. Натура бросает нас в мир, как в темный, дремучий лес, без всяких идей и сведений, но с большим запасом любопытства, которое весьма рано начинает действовать во младенце, тем ранее, чем природная основа души его нежнее и совершеннее. Вот то белое облако на заре жизни, за которым скоро является светило знаний и опытов! Если положить на весы, с одной стороны, те мысли и сведения, которые в душе младенца накопляются в течение десяти недель, а с другой — идеи и знания, приобретаемые зрелым умом в течение десяти лет, то перевес окажется, без всякого сомнения, на стороне первых. Благодетельная натура спешит наделить новорожденного всем необходимым для мирского странствия: разум его летит орлом в начале жизненного пространства; но там, где предметом нашего любопытства становится уже не истинная нужда, но только суемудрие, там полет обращается в пешеходство и шаги делаются час от часу труднее.

Леону открылся новый свет в романах; он увидел, как в магическом фонаре, множество разнообразных людей на сцене, множество чудных действий, приключений — игру судьбы, дотоле ему совсем неизвестную... (Но тайное предчувствие сердца говорило ему: «Ах! И ты, и ты будешь некогда ее жертвою! И тебя схватит, унесет сей вихорь... Куда?.. Куда?..») Перед глазами его беспрестанно поднимался новый занавес: ландшафт за ландшафтом, группа за группою являлись взору. — Душа Леонова плавала в книжном свете, как Христофор Коломб на Атлантическом море, для открытия... сокрытого.

Сие чтение не только не повредило его юной душе, но было еще весьма полезно для образования в нем нравственного чувства. В «Дайре», «Мирамонде», в «Селиме и Дамасине» (знает ли их читатель?), одним словом, во всех романах желтого шкапа герои и героини, несмотря на многочисленные искушения рока, остаются добродетельными; все злодеи описываются самыми черными красками; первые наконец торжествуют, последние наконец, как прах, исчезают. В нежной Леоновой душе неприметным образом, но буквами неизгладимыми начерталось следствие: «Итак, любезность и добродетель одно! Итак, зло безобразно и гнусно! Итак, добродетельный всегда побеждает, а злодей гибнет!» Сколь же такое чувство спасительно в жизни, какою твердою опорою служит оно для доброй нравственности, нет нужды доказывать. Ах! Леон в совершенных летах часто увидит противное, но сердце его не расстанется с своею утешительною системою; вопреки самой очевидности, он скажет: «Нет, нет! Торжество порока есть обман и призрак!»

Нет, нет! Не буду ослеплен
Сим блеском, сколь он ни прекрасен!
Дракон на время усыплен,
Но самый сон его ужасен!
Злодей на Этне строит дом,
И пепел под его ногами
(Там лава устлана цветами,
И в тишине таится гром).
Пусть он не знает угрызенья!
Он недостоин знать его,
Бесчувственность есть ад того,
Кто зло творит без сожаленья!

С каким живым удовольствием маленький наш герой в шесть или семь часов летнего утра, поцеловав руку у своего отца, спешил с книгою на высокий берег Волги, в ореховые кусточки, под сень древнего дуба! Там, в беленьком своем камзольчике бросаясь на зелень, среди полевых цветов сам он казался прекраснейшим, одушевленным цветом. Русые волосы, мягкие, как шелк, развевались ветерком по розам милого личика. Шляпка служила ему столиком: на нее клал он книгу свою, одною рукою подпирая голову, а другою перевертывая листы, вслед за большими голубыми глазами, которые летели с одной страницы на другую и в которых, как в ясном зеркале, изображались все страсти, худо или хорошо описываемые в романе: удивление, радость, страх, сожаление, горесть. Иногда, оставляя книгу, смотрел он на синее пространство Волги, на белые паруса судов и лодок, на станицы рыболовов, которые из-под облаков дерзко опускаются в пену волн и в то же мгновение снова парят в воздухе. — Сия картина так сильно впечатлелась в его юной душе, что он через двадцать лет после того, в кипении страстей, в пламенной деятельности сердца, не мог без особливого радостного движения видеть большой реки, плывущих судов, летающих рыболовов: Волга, родина и беспечная юность тотчас представлялись его воображению, трогали душу, извлекали слезы. Кто не испытал нежной силы подобных воспоминаний, тот не знает весьма сладкого чувства. Родина, апрель жизни, первые цветы весны душевной! Как вы милы всякому, кто рожден с любезною склонностию к меланхолии!

Глава VII

ПРОВИДЕНИЕ

В сие же лето Леоново сердце вкусило живое чувство мироправителя при таком случае, о котором он после во всю жизнь свою не мог вспоминать равнодушно. Мысль о божестве была одною из первых его мыслей. Нежная родительница наилучшим образом старалась утвердить ее в душе Леона. Срывая для него весенний луговой цветок или садовый летний плод, она всегда говорила: «Бог дает нам цветы, бог дает нам плоды!» — «Бог! — повторил однажды любопытный младенец. — Кто он, маменька?» — «Небесный отец всех людей, который их питает и делает им всякое добро; который дал мне тебя, а тебе меня». — «Тебя, милая? Какой же он добрый! Я стану всегда любить его!» — «Люби и молись ему всякий день». — «Как же ему молиться?» - «Говори: боже! будь к нам милостив!» — «Стану, стану, милая!..» Леон с того времени всегда молился богу. Ах! Он молился ему со слезами в болезнь родительницы своей! Но судьбы вышнего неисповедимы. — Такова была религия нашего героя до сего лета и до случая, который теперь описать желаю.

В один жаркий день он, по своему обыкновению, читал книгу под сению древнего дуба; старик дядька сидел на траве в десяти шагах от него. Вдруг нашла туча, и солнце закрылось черными парами. Дядька звал домой Леона, «Погоди», — отвечал он, не спуская глаз с книги. Блеснула молния, загремел гром, пошел дождик. Старик непременно хотел идти домой. Леон завернул книгу в платок, встал и посмотрел на бурное небо. Гроза усиливалась: он любовался блеском молнии и шел тихо, без всякого страха. Вдруг из густого лесу выбежал медведь и прямо бросился на Леона. Дядька не мог даже и закричать от ужаса. Двадцать шагов отделяют нашего маленького друга от неизбежной смерти: он задумался и не видит опасности; еще секунда, две — и несчастный будет жертвою яростного зверя. Грянул страшный гром... какого Леон никогда не слыхивал; казалось, что небо над ним обрушилось и что молния обвилась вокруг головы его. Он закрыл глаза, упал на колени и только мог сказать: «Господи!», через полминуты взглянул — и видит перед собою убитого громом медведя. Дядька насилу мог образумиться и сказать ему, каким чудесным образом бог спас его. Леон стоял все еще на коленях, дрожал от страха и действия электрической силы; наконец устремил глаза на небо, и несмотря на черные, густые тучи, он видел, чувствовал там присутствие бога — Спасителя. Слезы его лились градом; он молился во глубине души своей, с пламенною ревностию, необыкновенною во младенце; и молитва его была... благодарность! — Леон не будет уже никогда атеистом, если прочитает и Спинозу, и Гоббеса, и «Систему натуры»,

Читатель! Верь или не верь: но этот случай не выдумка. Я превратил бы медведя в благороднейшего льва или тигра, если бы они... были у нас в России.

Глава VIII

БРАТСКОЕ ОБЩЕСТВО ПРОВИНЦИАЛЬНЫХ ДВОРЯН

Знаю, что все идет к лучшему; знаю выгоды нашего времени и радуюсь успехам просвещения в России; однако ж с удовольствием обращаю взор и на те времена, когда наши дворяне, взяв отставку, возвращались на свою родину с тем, чтобы уже никогда не расставаться с ее мирными пенатами; редко заглядывали в город; доживали век свой на свободе и в беспечности; правда, иногда скучали в уединении, но зато умели и веселиться при случае, когда съезжались вместе. Ошибаюсь ли? Но мне кажется, что в них было много характерного, особенного — чего теперь уже не найдем в провинциях и что по крайней мере занимательно для воображения. — Просвещение сближает свойства народов и людей, равняя их, как дерева в саду регулярном.

Капитан Радушин, отец Леонов, любил угощать добрых приятелей чем бог послал. Сын всякий раз с великим удовольствием бежал сказать ему: «Батюшка! Едут гости!», а капитан наш отвечал: «Добро пожаловать!», надевал круглый парик свой и шел к ним навстречу с лицом веселым. Способ наскучить людьми есть быть с ними беспрестанно; способ живо наслаждаться их обществом есть видеться с ними изредка. Провинциалы наши не могли наговориться друг с другом; не знали, что за зверь политика и литература, а рассуждали, спорили и шумели. Деревенское хозяйство, охота, известные тяжбы в губернии, анекдоты старины служили богатою матернею для рассказов и примечаний... Ах! Давно уже смерть и время бросили на вас темный покров забвения, витязи С-ского уезда, верные друзья капитана Радушина! Лебрюн и Лампи не сохранили для нас вашего образа; но я недаром автор Леоновой истории: зеркало памяти моей ясно. Как теперь смотрю на тебя, заслуженный майор Фаддей Громилов, в черном большом парике, зимою и летом в малиновом бархатном камзоле, с кортиком на бедре и в желтых татарских сапогах; слышу, слышу, как ты, не привыкнув ходить на цыпках в комнатах знатных господ, стучишь ногами еще за две горницы и подаешь о себе весть издали громким своим голосом, которому некогда рота ландмилиции повиновалась и который в ярких звуках своих нередко ужасал дурных воевод провинции! Вижу и тебя, седовласый ротмистр Бурилов, простреленный насквозь башкирскою стрелою в степях уфимских; слабый ногами, но твердый душою; ходивший на клюках, но сильно махавший ими, когда надлежало тебе представить живо или удар твоего эскадрона, или омерзение свое к бесчестному делу какого-нибудь недостойного дворянина в вашем уезде! Гляжу и на важную осанку твою, бывший воеводский товарищ Прямодушин, и на орлиный нос твой, за который не мог водить тебя секретарь провинции, ибо совесть умнее крючкотворства; вижу, как ты, рассказывая о Бироне и Тайной канцелярии, опираешься на длинную трость с серебряным набалдашником, которую подарил тебе фельдмаршал Миних... Вижу всех вас, достойные матадоры провинции, которых беседа имела влияние на характер моего героя; и, чтобы представить разительно все благородство сердец ваших, сообщаю здесь условия, заключенные вами между собою в доме отца Леонова и написанные рукою Прямодушина...

103

ДОГОВОР БРАТСКОГО ОБЩЕСТВА

«Мы, нижеподписавшиеся, клянемся честию благородных людей жить и умереть братьями, стоять друг за друга горою во всяком случае, не жалеть ни трудов, ни денег для услуг взаимных, поступать всегда единодушно, наблюдать общую пользу дворянства, вступаться за притесненных и помнить русскую пословицу: «Тот дворянин, кто за многих один»; не бояться ни знатных, ни сильных, а только бога и государя; смело говорить правду губернаторам и воеводам; никогда не быть их прихлебателями и не такать против совести. А кто из нас не сдержит своей клятвы, тому будет стыдно и того выключить из братского общества». — Следует восемь имен.

Хотя тайная хроника говорит мне на ухо, что сей дружеский союз наших дворян заключен был в день Леонова рождения, которое отец всегда праздновал с великим усердием и с отменною роскошью (так, что посылал в город даже за свежими лимонами); хотя читатель догадается, что в такой веселый день, особливо к вечеру, хозяин и гости не могли быть в обыкновенном расположении ума и сердца; хотя

В восторгах Бахуса нам море по колено,
И с рюмкою в руке мы все богатыри;

однако ж история, которая лжет только из году в год (первое апреля и еще 29 февраля), уверяет, что они, проснувшись на другой день, снова читали трактат свой, снова утвердили его и (что не всегда делают и великие державы европейские) старались исполнять во всей точности. Одна смерть разрушила их братскую связь... Здесь хочется мне заглянуть вперед. Долго еще ждать времени; а может быть, тогда, в богатстве случаев, и забуду сию любезную черту. Итак, скажу... Когда судьба, несколько времени играв Леоном в большом свете, бросила его опять на родину, он нашел майора Громилова, сидящего над больным Прямодушиным, который лежал в параличе и не владел руками (все прочие друзья их были уже на том свете). Громилов кормил больного из рук своих, плакал горько и сказал Леону: «Тошно, тошно быть сиротою на старости!..» Добрые люди! Мир вашему праху! Пусть другие называют вас дикарями: Леон в детстве слушал с удовольствием вашу беседу словохотную, от вас заимствовал русское дружелюбие, от вас набрался духу русского и благородной дворянской гордости, которой он после не находил даже и в знатных боярах: ибо спесь и высокомерие не заменяют ее; ибо гордость дворянская есть чувство своего достоинства, которое удаляет человека от подлости и дел презрительных. — Добрые старики! Мир вашему праху!

Глава IX

МЕЧТАТЕЛЬНОСТЬ И СКЛОННОСТЬ К МЕЛАНХОЛИИ

Итак, Леон читает книги, от времени до времени бегает встречать гостей, ездит иногда и сам в гости к добрым провинциалам, слушает их разговоры и проч.

Довольно занятия, но он еще имеет время задумываться и мечтать. Несмотря на маленькую слабость мою к романам, признаюсь, что их можно назвать теплицею для юной души, которая от сего чтения зреет прежде времени; а это, если верить философическим медикам, бывает вредно... по крайней мере для здоровья. «Губите себя вашими книгами и романами! — восклицает один важный доктор. — Но оставьте в покое недовершенное произведение натуры; не воспаляйте воображения детей; дайте укрепиться молодым нервам и не приводите их в напряжение, если не хотите, чтобы равновесие жизни расстроилось с самого начала!» Леон на десятом году от рождения мог уже часа по два играть воображением и строить замки на воздухе. Опасности и героическая дружба были любимою его мечтою. Достойно примечания то, что он в опасностях всегда воображал себя избавителем, а не избавленным: знак гордого, славолюбивого сердца! Герой наш мысленно летел во мраке ночи на крик путешественника, умерщвляемого разбойниками; или брал штурмом высокую башню, где страдал в цепях друг его. Такое донкишотство воображения заранее определяло нравственный характер Леоновой жизни. Вы, без сомнения, не мечтали так в своем детстве, спокойные флегматики, которые не живете, а дремлете в свете и плачете только от одной зевоты! И вы, благоразумные эгоисты, которые не привязываетесь к людям, а только с осторожностию за них держитесь, пока связь для вас полезна, и свободно отводите руку, как скоро они могут чем-нибудь вас потревожить! Герой мой снимает с головы маленькую шляпку свою, кланяется вам низко и говорит учтиво: «Милостивые государи! Вы никогда не увидите меня под вашими знаменами с буквою П и Я!»

Сверх того, он любил грустить, не зная о чем. Бедный!.. Ранняя склонность к меланхолии не есть ли предчувствие житейских горестей?.. Голубые глаза Леоновы сияли сквозь какой-то флер, прозрачную завесу чувствительности. Печальное сиротство еще усилило это природное расположение ко грусти. Ах! Самый лучший родитель никогда не может заменить матери, нежнейшего существа на земном шаре! Одна женская любовь, всегда внимательная и ласковая, удовлетворяет сердцу во всех отношениях!.. Таким образом, Леон был приготовлен натурою, судьбою и романами к следующему.

Глава X

ВАЖНОЕ ЗНАКОМСТВО

В соседстве у капитана Радушина поселился граф Миров, житель столицы, богатый человек, который некогда служил вместе с ним и хотел возобновить старое знакомство... Капитан приехал к нему вместе с сыном. Леон в первый раз увидел огромный дом, множество лакеев, пышность, богатое украшение комнат и шел за отцом с робким видом. Не мудрено, что он дурно поклонился хозяину, переступал с ноги на ногу, не знал, куда глядеть, куда девать руки. Суровый вид графа (человека лет в пятьдесят) еще умножил его робость; но, взглянув на миловидную графиню, Леон ободрился... взглянул еще и вдруг переменился в лице; заплакал, хотел скрыть слезы свои и не мог. Это удивило хозяев; желали знать причину, спрашивали — но он молчал. Отец велел ему говорить, и тогда Леон отвечал тихим голосом: «Графиня похожа на матушку». Капитан посмотрел — сказал: «Это правда, извините нас, милостивая государыня», — и сам залился горькими слезами. Леон все забыл и бросился к нему в объятия... Граф был холоден, но графиня, недаром похожая на мать Леонову, утирала себе глаза платком. Обыкновенная бледность лица ее покрылась свежим румянцем... О женщины! Какое движение чувствительности не находит в сердце вашем верного отзыва?.. Леон смотрел на Эмилию (имя графини) с трогательною, живейшею благодарностию, а Эмилия на Леона с нежною ласкою. Все расстояние между двадцатипятилетнею светскою дамою и десятилетним деревенским мальчиком исчезло в минуту симпатии... но эта минута обратилась в часы, дни и месяцы. Я должен теперь рассказывать странности... Не мудрено было полюбить нашего героя, прекрасного личиком, миловидного, чувствительного, умного, но привязаться к нему без памяти, со всеми знаками живейшей страсти, к невинному ребенку: вот что называю неизъяснимою странностию!.. Но разве женщины когда-нибудь были изъясимы?.. Между тем надобно познакомить читателя с графинею.

106

Глава XI

ОТРЫВОК ГРАФИНИНОЙ ИСТОРИИ

«L'histoire d'une femme est toujours un roman», — «История женщины есть всегда роман», — сказал один француз в таком смысле, который всякому понятен. Любовь, конечно, есть главное дело их жизни: правда, что и мужчинам невесело жить без нее; но они имеют рассеяния, могут забываться, обманываться и средства принимать за цель; а красавицы беспрестанно стремятся к одной мете, и рифма: «жить — любить» есть для них математическая истина. Никто не удивится, если скажу, что граф был для графини — только мужем, то есть: человеком иногда сносным, иногда нужным, иногда скучным до крайности; но если примолвлю, что графиня, будучи прелестною и милою, до приезда в деревню умела сохранить тишину сердца своего, и не случайно (ибо случай бывает нередко попечительным дядькою невинности), но по системе и рассудку, то самый легковерный читатель улыбнется... Тем хуже для нравов нашего времени! Герой мой, вошедши в свет, расспрашивал о графине: все говорили об ней с почтением. Пятидесятилетние девицы уверяли его, что московские летописи злословия упоминали об ней весьма редко, и то мимоходом, приписывая ей одно кокетство минутное или — (техническое слово, неизвестное профанам!) — кокетство от рассеяния, исчезавшее от первого движения рассудка и не имевшее никогда следствий. Не знаю, как другие, — а я после такого свидетельства расположен верить следующему письму графини, писанному в день отъезда ее к одной верной приятельнице, которая после сама отдала его Леону. Оно, за неимением других биографических материалов, послужит нам эскизом графининой истории.

«Прости, милая!.. Через два часа мы едем. Бога ради не тужи обо мне и не брани мужа моего, который вздумал сделаться экономом в генваре месяце! Клянусь тебе, что не жалею о Москве, где не оставляю ничего любезного и где со времени твоего отъезда мне было даже скучно. Ты не веришь моему равнодушию к светским удовольствиям, говоря: «Пусть безобразные женщины ненавидят зеркало; красота и любезность охотно в него заглядывают, — а свет есть для нас зеркало!» Но я, право, не думаю тебя обманывать. Как скоро женщина не хочет быть кокеткою, то блестящие ужины и балы не пленяют ее. Вопреки злословию мужчин, мы иногда рассуждаем, имеем правила и следуем им. Все, что я видела в свете, еще более уверило меня в необходимости обуздывать движения ветреного сердца и самолюбия нашего. Верю, что пылкие страсти имеют райские минуты — но минуты! А я хотела бы жить в раю: иначе не желаю и знать его. Замужняя женщина должна пли находить счастие дома, или великодушно от него отказаться: судьба не дала мне первого — итак, надобно утешиться великодушием. То и другое видим редко: не правда ли? следственно, могу чем-нибудь хвалиться в жизни. Не будучи, к счастию, Руссовою Юлиею, я предпочла бы нежного Сен-Прё слишком благоразумному Вольмару и, несмотря на розницу в летах, умела бы обожать своего мужа, если бы он был... хотя Вольмаром! Но граф мой совершенный стоик; не привязывается душою ни к чему тленному и не стыдится говорить, для чего он на мне женился!.. Такой муж, оставляя сердце без дела, дает много труда уму и правилам. В первые два года я была с ним несчастлива; испытала без успеха все способы вывести его из убийственного равнодушия — даже самую ревность — и наконец успокоилась. Если провидение исполнит единственное желание моего сердца: быть матерью, то оставлю детям в наследство непорочное имя. По крайней мере я была достойна счастия, и ничто не мешало бы мне им наслаждаться; не боялась ни проницательных глаз злословия, ни мнения людей строгих!..

Однако ж перед отъездом нашим я была — едва не в опасности! Вообрази, что томный Н*, побывав шесть или семь раз у нас в доме, вздумал написать ко мне любовное письмо!.. Бедный молодой человек!.. Он так хорошо умеет говорить с женским сердцем; так хорошо льстил моему самолюбию, не говоря ни слова, а только смотря на меня и на других женщин! Можно иногда сносить нескромные взоры, но дерзкое письмо требовало решительных мер: ему отказано от дому![33] По обыкновению своему я принесла к графу новое любовное объявление, написанное, как водится, на розовой бумажке:[34] по обыкновению своему, он не читал его, а спрятал в бюро, сказав, что дает мне слово прочесть в деревне, от скуки, все нежные эпистолы моих несчастных селадонов. Шутка недурна! Граф иногда забавен и с некоторого времени бывает почти ласков. Можно сказать, что мы живем с ним душа в душу — с той минуты, как я перестала искать в нем души!.. Он хотел в удовольствие мое взять с собою в деревню италиянского певца и еще двух или трех музыкантов: я отказалась — музыка приводит меня в меланхолию; а в уединении это действие может быть еще сильнее... Думаю бросить даже и романы: на что волновать мечтами сердце и воображение, когда спокойствие должно быть моим благополучием?..»

Последних десяти строк мы никак не могли разобрать: они почти

---

[33] Надобно вспомнить, что это было в старину; по крайней мере очень давно.

[34] Опять старинное! Ныне уже не пишут в таких случаях на розовых бумажках.

совсем изгладились от времени; такие беды случаются нередко с нами, антиквариями! Но читатели имеют уже легкую идею о характере, уме и правилах Эмилии. Надобно сказать что-нибудь об ее наружности: в женщинах это не последнее. Они сами в том уверены, — и добродушная из них простит веяное злословие, кроме неосторожного слова насчет ее красоты... Я видел милый портрет графини... «Но живописцы такие льстецы!..» У меня есть другое свидетельство. Герой мой доныне говорит с восторгом о голубых ангельских глазах ее, нежной улыбке, Дианиной стройности, длинных волосах каштанового цвета... Читатели опять могут остановить меня замечанием, что воображение романических голов стоит всякого льстеца-живописца... И то правда; но я решу сомнение, объявляя наконец, что сам граф Миров, который в глубокой старости познакомился со мною, хваля какую-нибудь прелестницу, всегда говаривал: «Она почти так же хороша, как была моя графиня в молодости». Свидетельство мужа о красоте жены принимается во всех судах: итак, читатели — вдобавок к голубым глазам, к нежной улыбке, стройному стану и длинным волосам каштанового цвета — могут вообразить полное собрание всего, что нас пленяет в женщинах, и сказать себе в мыслях: «Такова была графиня Мирова!» Имею доверенность к их вкусу.

Глава XII

ВТОРАЯ МАМЕНЬКА

Мы уже назвали привязанность Эмилии к Леону неизъяснимою; однако ж заметим исторически некоторые обстоятельства, служащие к объяснению дела. Славный майор Фаддей Громилов, который знал людей не хуже «Военного устава», и воеводский товарищ Прямодушии[35], которого длинный орлиный нос был неоспоримым знаком наблюдательного духа, часто говаривали капитану Радушину: «Сын твой родился в сорочке: что взглянешь, то полюбишь его!» Это доказывает, между прочим, что старики наши, не зная Лафатера, имели уже понятие о физиогномике и считали дарование нравиться людям за великое благополучие (горе человеку, который не умеет ценить его!)... Леон вкрадывался в любовь каким-то приветливым видом, какими-то

---

[35] Об них говорено было в предшедших главах.

умильными взорами, каким-то мягким звуком голоса, который приятно отзывался в сердце. Графиня же видела его в прелестную минуту чувствительности — в слезах нежного воспоминания, которого она сама была причиною: сколько выгод для нашего героя! Надобно также сказать, что Эмилия, несмотря на ее мудрые правила и великое благоразумие, начинала томиться скукою в деревне, проводя дни и вечера с глазу на глаз с хладнокровным супругом. Как приятно обласкать хорошенького мальчика! Он вырос в деревне, застенчив, неловок: как весело взять его на свои руки!.. «Бедный сиротка! У него нет матери! А он так любил ее! Она же была на меня похожа! Я приготовлю деревенского мальчика быть любезным человеком в свете, и мое удовольствие обратится для него в благодеяние!..» Так могла думать графиня, стараясь ласками привязать к себе Леона, который едва верил своему счастию и с такою чувствительностию принимал их, что Эмилия в другое свидание сказала ему сквозь слезы: «Леон! Я хочу заступить место твоей маменьки! Будешь ли любить меня, как ты ее любил?..» Он бросился целовать ее руку и заплакал от радости; ему казалось, что маменька его в самом деле воскресла!..

Итак, Эмилия объявила Леона нежным другом своим; сперва через день, а наконец всякий день присылала за ним карету; сама учила его по-французски, даже истории и географии: ибо Леон (между нами будь сказано!) до того времени не знал ничего, кроме Езоповых «Басен», «Дайры» и великих творений Федора Эмина. Графиня старалась также образовать в нем приятную наружность: показала, как ему надобно ходить, кланяться, быть ловким в движениях, — и герой наш не имел нужды в танцмейстере. Разумеется, что его одели уже по моде: маленькая слабость женщин! Любя наряжаться, они любят и наряжать все, что имеет счастие им нравиться. Через две недели соседи не узнавали Леона в модном фраке его, в английской шляпе, с Эмилииною тросточкою в руке и совершенно городскою осанкою. «Что за чудо!» — рассуждали они, но чудо изъяснялось тем, что любезная, светская женщина занималась нашим деревенским мальчиком. Отец говорил ему: «Леон! я с тобою почти не вижусь; но мне приятно, что добрые сердца тебя любят. По милости графининой ты будешь человеком!» — Успехи его во французском языке были еще удивительнее; не видав в глаза скучной грамматики, он через три месяца мог уже изъяснять на нем благодарную любовь свою к маменьке и знал совершенно все тонкости ласковых выражений. Она гордилась учеником своим, а всего более — любила его!

Счастливый ребенок! Будь осмью годами старее, и — кто не позавидовал бы твоему счастию? Но ты самому малолетству обязан своим редким благополучием! Эмилия, которой строгие правила нам известны, могла полюбить одну невинность. Кто боится ребенка, хотя и смышленого, хотя и пылкого, хотя и ревностного читателя романов? Мужчины бывают страшны тогда, когда их можно узнать в женском платье: невинность еще не имеет пола! И графиня без всякого упрека совести согревала Леона нежными поцелуями, когда он, приехав, вбегал холодный в кабинет ее и если — не было с нею графа. Она никогда не завтракала без ученика своего, как ни рано вставала: ибо молодые супруги мужей, почтенных летами, охотно исполняют сие важное предписание медиков. Эмилия сама варила кофе, — а он, стоя за нею, чесал гребнем ее светлые каштановые волосы, которые почти до земли доставали и которые любил он целовать... Ребячество! И много подобного она дозволяла ему. Например: у него была страсть служить ей за туалетом, и горничная девушка ее наконец так привыкла к его услугам, что не входила уже при Леоне в уборную комнату госпожи своей... Краснеюсь за моего героя, но признаюсь, что он подавал графине — даже башмаки!.. «Можно ли так унижаться благородному человеку?» — скажут провинциальные дворяне. Зато он видел самые прекрасные ножки в свете!.. Минуты ученья были для него минутами наслаждения: взяв французскую книгу, Леон садился подле маменьки, так близко, что чувствовал биение сердца ее; она клала ему на плечо свою голову, чтобы следовать за ним глазами по страницам. Прочитав без ошибки несколько строк, Леон взглядывал на нее с улыбкою — и в таком случае губы их невольно встречались: успех требовал награды и получал ее! Перед обедом графиня садилась за клавесин: играла, пела — и нежный ученик ее пленялся новостию сего райского удовольствия; глаза его наполнялись слезами, сердце трепетало, и душа так сильно волновалась, что иногда, схватив Эмилию за руку, он говорил: «Полно, полно, маменька!», но через минуту хотел опять слушать то же... Какая прелестная весна наступила для Леона! Графиня любила ходить пешком: он был ее путеводителем и с неописанным удовольствием показывал ей любезные места своей родины. Часто садились они на высоком берегу Волги, и Леон, под шумом волн, засыпал на коленях нежной маменьки, которая боялась тронуться, чтобы не разбудить его: сон красоты и невинности казался ей так мил и прелестен!.. Смотри и наслаждайся, любезная Эмилия! Заря чувствительности тиха и прекрасна, но бури недалеко. Сердце любимца твоего зреет вместе с умом его, и цвет непорочности имеет судьбу других цветов! Читатель подумает, что мы сею риторическою фигурою готовим его к чему-нибудь противному невинности: нет!.. время еще впереди! Герою нашему исполнилось только одиннадцать лет от роду... Однако ж любовь к истине заставляет нас описать маленький случай, который может быть растолкован и так и сяк...

Глава XIII

НОВЫЙ АКТЕОН

Леон знал, что графиня всякий день поутру купается в маленькой речке близ своего дому. Однажды, проснувшись рано, он спешил одеться и, не дожидаясь графининой кареты, пошел к сему месту с какою-то неясною, но заманчивою мыслию. Через час стоит уже на берегу реки; видит тропинку, идущую от графского дому; видит измятую траву... «Тут, верно, графиня раздевается; сюда, верно, будет она через несколько минут: надобно воспользоваться временем!..» И Леон, спрятав свое платье в кустах бросается в воду... Высокие ивы с обеих сторон осеняют речку; она струится по желтому чистому песку, и луч солнца, пробиваясь сквозь тень деревьев, играет, кажется, на самом дне ее. Герой наш никогда еще не купался с таким удовольствием, и думает: «Какое прекрасное место выбрала маменька!» Мудрено ли, что ему хочется вообразить ее в зеркале вод?.. Не умеет!.. Деревенский мальчик не видал ни мраморных Венер, ни живописных Диан в купальне!.. Правда, в жаркие дни ему случалось взглядывать на берег пруда, где сельские смуглые красавицы... Но как можно сравнивать? Смешно и подумать!.. Леон, без сомнения, обратился бы с вопросами к божеству реки, если бы знал мифологию, но он по своему невежеству думал, что в воде живут одни скромные, молчаливые рыбы!.. Вдруг белое платье мелькнуло вдали сквозь деревья... Леону не было времени одеться: он выскочил из реки на другой берег и лег на землю в малиновых кусточках... Эмилия пришла с своими девушками, осмотрелась и начала раздеваться... Что делает наш малютка? Тихонько разделяет ветви куста и смотрит: это обвиняет его! Но сердце бьется в нем как обыкновенно: это доказывает его невинность! Молодость так любопытна! Взор ребенка так чист и безгрешен! Во всяком случае, преступление глаз есть самое легкое: кто их боится? И скупцы дозволяют смотреть на свое золото!.. Эмилия снимает с себя белую кофточку и берется рукою за кисейный платок на груди своей... Читатель ожидает от меня картины во вкусе златого века: ошибается! Лета научают скромности: пусть одни молодые авторы сказывают публике за новость, что у женщин есть руки и ноги! Мы, старики, всё знаем: знаем, что можно видеть, но должно молчать. С другой стороны, нужно ли описывать в романе такие вещи, которые (благодаря моде!) ныне у всякого перед глазами: в собраниях, на балах и гуляньях? В романах описывают только феникса и жар-птицу: не воробьев, не ласточек, всем известных. Я же должен смотреть на предметы единственно глазами героя моего; а он ничего не видал!.. За графинею прибежали три английские собаки, бросились в реку, переплыли на другую сторону, обнюхали в траве бедного Леона и начали лаять. Он испугался и во весь дух пустился бежать от них... они за ним, с лаем и визгом... Несчастный Актеон! Вот наказание за твое любопытство видать богиню без покрова! К счастью, графиня была не так зла, как Диана, и не хотела затравить его, как оленя. Узнав беглеца, она сама испугалась и кликала изо всей силы английских собак своих — которые послушались и дали ему благополучно убраться за ближний холм. Там он без памяти упал на землю, насилу мог отдохнуть и с унылым видом, через час времени, возвратился к своему платью; но, видя, что к шляпе его пришпилена роза, ободрился... «Маменька на меня не сердита!» — думал он, оделся и пошел к ней... Однако ж закраснелся, взглянув на Эмилию; она хотела улыбнуться и также закраснелась. Слезы навернулись у него на глазах... Графиня подала ему руку, и, когда он целовал ее с отменным жаром, она другою рукою тихонько драла его за ухо. Во весь тот день Леон казался чувствительнее, а графиня — ласковее обыкновенного: она была добродушна — была прекрасна: итак, могла ли страшиться нескромного любопытства?

(Продолжения не было)

ЕВГЕНИЙ И ЮЛИЯ

Русская истинная повесть

Cessez et retenez ces clameurs lamentabies
Faible soulegement aux maux des miserables!
Flechi'ssons sous un Dieu, que veut nous eprouver,
Oui d'un mot peut nous perdre, et d'un mot nous souver![36]

---

[36] Удержите и прекратите ваши жалобные вопли,
Слабое утешение в беде всех несчастных!
Покоримся богу, который хочет нас испытать,
Который единым словом может нас погубить или спасти! (франц.).

Госпожа Л*, проведшая все время своей молодости в Москве, удалилась наконец в деревню и жила там почти в совершенном уединении, утешаясь своею воспитанницею, дочерью покойной ее приятельницы, которая в последний час жизни своей, пожав ее руку, сказала: "Будь матерью моей Юлии!"

Подобно тихой прозрачной реке текла мирная жизнь их, струившаяся невинными удовольствиями и чистыми радостями. Праздность и скука, которые угнетают многих деревенских жителей, не смели к ним приблизиться. Они всегда чем-нибудь занимались; сердце и разум их были всегда в действии. Едва мрачные ночные тени исчезать начинали, едва румяный свет зари начинал разливаться по воздуху, госпожа Л*, пробуждаясь вместе с природою, нежными ласками прерывала покойный сон Юлии и призывала ее пользоваться приятностями утра. Обнявшись, выходили они из дому, дожидались солнца, сидя на высоком холме, и встречали его с благословением. Насладясь сим великолепным зрелищем природы, возвращались они домой с чувством веселия, ходили по саду, осматривали цветы, любовались их освеженною красотою и питались амброзическими испарениями. Госпожа Л*, посмотрев на пышную розу, часто с улыбкою обращала взор свой на Юлию, находя между ими великое сходство. Но Юлия любила более всех цветов фиялку. "Миленький цветочек! - говаривала она, прикасаясь нежными устами своими к ее листочкам.- Миленький цветочек! Напрасно скрываешься в густоте травы: я везде найду тебя". Говоря сие, клялась внутренне быть всегда смиренною подобно любезной своей фиялочке. После обеда хаживали они смотреть полевые работы поселян, которые в присутствии их трудились с радостию. Вечер приносил с собою новые удовольствия. Смотрели на заходящее солнце, смотрели, как кроткие овечки при звуках пастушеской свирели бегут домой, блеют и прыгают, как утружденные поселяне один за другим возвращаются в деревню, и слушали, как они, быв довольны успехом работ своих, в простых песнях благословляют мать-натуру и участь свою.

Когда же наступала пасмурная осень и густым мраком все творение покрывала или свирепая зима, от севера несущаяся, потрясала мир; бурями своими, когда в нежное Юлиино сердце вкрадывалась томная меланхолия и тихими вздохами колебала грудь ее, тогда брались за книги, бессмертные творения истинных философов, писавших для пользы рода человеческого, тогда читали и перечитывали письма любезного Евгения, сына госпожи Л*, учившегося в чужих краях. Иногда при чтении сих писем глаза Юлиины наполнялись слезами, приятными слезами любви и почтения к благоразумному и добросердечному юноше. "Ах! Когда он к нам приедет? - часто говаривала госпожа Л*.- Как счастлива буду я, когда его увижу, прижму к своему сердцу и тебя вместе с ним, Юлия!"

Так текли месяцы и годы. Настало время, в которое молодому Л* надлежало возвратиться в отечество и в объятия своей матери. Всякий день ждали его, и все о нем говорили. Гуляя по цветущим лугам - тогда было еще начало лета,- беспрестанно посматривали на большую дорогу. Когда поднималась вдали Пыль, сердца, ожиданием томимые, трепетать начинали. Прогуливались долее обыкновенного, медлили обедать, медлили ужинать, надеялись, что приедет сын, приедет братец - с самого детства Юлия привыкла называть Евгения сим именем.

Наконец он приехал. Восклицания, восторг, радостные слезы - кто сие описать может? Несколько дней не могли они от радости опомниться. Юлия - по скромности, свойственной молодой благонравной девушке,- старалась удерживать сильные движения своего сердца, но не всегда могла удержать их. Молодой, пылкий человек, воспитанный с нею вместе и любивший ее, как сестру свою, после такой долговременной разлуки требовал от нее все новых уверений в любви. Юлия должна была обходиться с ним так же вольно, так же просто, как и в детстве. Он непременно хотел, чтобы она всегда говорила ему *ты*, а не *вы;* сего последнего слова не мог он терпеть в устах своей Юлии. "Как бы я был несчастлив,- говорил он трогательным голосом,- если бы разлука хотя несколько прохладила твою любовь ко мне, тот нежный жар дружбы, который составлял счастие моего младенчества!.. Нет, сестрица! Ты меня, конечно, так же любишь, как и прежде, собственное мое сердце меня в том уверяет. Хотя, расставшись с вами, перешел я совсем в новый мир, где меня все занимало, все изумляло; однако ж мысль о вас - о матушке и о тебе - была всегда первою и приятнейшею моею мыслию. Помнишь, как мы прощались, когда Евгений, проливая слезы, сказал тебе прерывающимся голосом: "Юлия! Я буду всегда нежнейшим другом твоим!" Эта сцена никогда не выходила из памяти моей". Юлия отвечала ему одною улыбкою, но сия улыбка сказывала ему все. Госпожа Л* в радости обнимала сына своего и Юлию.

Хозяйки водили Евгения по всем лучшим местам в окрестности своей деревни и показывали ему прекрасные виды, открывающиеся с вершины зеленых холмов. "Под этим высоким вязом,- говорила ему госпожа Л*,- ты часто сиживал с Юлиею; часто бегивал с нею по этому лугу, в этом леску брали мы землянику, и когда Юлия, не умея искать ягод, грустила, ты тихонько подбегал к ней и пересыпал свои ягоды в ее корзинку. На этой долине вы заставили меня однажды плакать и благодарить бога. Помнишь ли? Нет, ты уже все забыл. Так я расскажу тебе. Мы гуляли по роще. Вышедши на долину, увидели мы лежащего на траве старика, который едва дышал от усталости и зноя. Ты тотчас бросился к нему, схватил с себя шляпу, почерпнул воды, возвратился к старику, напоил его и смыл у него с лица пыль, а Юлия обтерла его платком своим. Боже мой! Как я радовалась вами, видя такие знаки чувствительности вашего сердца!"

Гуляя при свете луны, рассматривали звездное небо и дивились величию божию; внимая шуму водопада, рассуждали о бессмертии. Сколько высоких нежных мыслей сообщали они друг другу, быв оживляемы духом натуры! Как возвышалось сердце молодого человека, когда он в лице Юлии рассматривал образ спокойной невинности, освещаемый лучами тихого светила.

Евгений подарил Юлии множество нот, множество французских, италианских, немецких книг. Она прекрасно играла на клавесине и пела. Клопштокова песня "Willkommen, silberner Mond[37]", к которой музыку сочинил кавалер Глук, ей отменно полюбилась. Никогда не могла она без сердечного размягчения петь последней строфы, в которой Глук так искусно согласил тоны с чувствами великого поэта. Кроткие, нежные души! Вы одне знаете цену сих виртуозов, и вам единственно посвящены их бессмертные сочинения. Одна слеза ваша есть для них величайшая награда.

15 августа минуло Евгению двадцать два года, а Юлии двадцать один. Утренняя песнь птичек разбудила юношу. Он открыл глаза, и все предметы вокруг него улыбнулись. Встав с веселием, спешил он к своей родительнице. Она сидела в задумчивости, облокотившись на окно, подле которого на молодой яблоне лобызались две горлицы; на челе ее видны были знаки небесных чувств. Евгений смотрел на нее с глубоким почтением, не смев прервать ее размышления. Но сердце ее скоро почувствовало приход любезного сына; она встала, обняла его и благословила день его рождения. Вошла Юлия. Легкое, белое платье с розовыми леутами, распущенные волосы, радостная усмешка - все сие возвышало красоту ее. Она летела в объятия своей воспитательницы. Едгедай целовал ее руку.

Госпожа Л* села на софу, посадила подле себя детей своих, смотрела на них с умильною любовию и начала говорить: "Бог видит, что я вас равно люблю, сердце мое признает Юлию своею дочерью. Я всегда радовалась взаимною вашею любовию, веселилась, что бог даровал мне таких милых детей. Признаюсь, я боялась, чтобы ты, сын мой, просвещая свой разум, не развратился в сердце, которое у тебя так мягко. Часто на коленях взывала я к богу: спаси моего сына! - Он услышал молитву мою, и ты возвратился к нам с большими знаниями и с неиспорченными чувствами. Не правда ли,

---

[37] Явись к нам, серебряный месяц *(нем.)*.

что и в Юлии нашел ты новые достоинства? Она была предметом всех моих попечений, я старалась ее научить всему тому, что сама знала. Богу открыто было мое намерение, а теперь и вам его открою. Я готовила вас друг для друга. Вы друг друга достойны, друг друга любите: совершите же благополучие мое и соединитесь вечным, священным союзом!" Евгений вдруг встал, бросился к ногам матери своей и мог сказать только: "Матушка... Матушка!" Юлия преклонила голову свою на груди ее и в безмолвии жала ее руку. Евгений одною рукою обнял мать свою и Юлию... Блаженные патриархальные времена, в которые добродетельный юноша без всякой боязливой застенчивости, означающей растленную пороком душу, прижимал к груди своей добродетельную девицу! Одна минута излетела из глубины вашей, вырвалась из объятий вечности, вас поглотившей, возвратилась в мир и осчастливила юного Евгения! "Блаженствуйте, дети мои! - говорила гж. Л*,- блаженствуйте ко счастию матери вашей!" - "Ах! Достойна ли я такого блаженства! - сказала Юлия.- Ваши милости..." - "Ты для меня небесный дар, Юлия, дар, которого едва смел я желать во глубине своего сердцам";

Если бы Рафаэль увидел сию сцену, то он забыл бы писать картину и в восхищении бросил бы кисть свою.

Все домашние, узнав, что Евгений скоро будет супругом Юлииным, были вне себя от радости, все любили его, все любили ее. Всякий спешил к обедне, всякий хотел от всего сердца молиться о благополучии их. Какое зрелище для ангелов! Евгений и Юлия составляли одно сердце, в пламени молитвы к небесам воспарявшее. Госпожа Л* в жару благоговения многократно упадала на колени, поднимая глаза к небу и потом обращая их на детей своих. Надлежало думать, что сии сердечные Прошения будут иметь счастливые следствия для юной четы, что она будет многолетствовать в непрерывном блаженстве, каким только можно смертному на земле сей наслаждаться. Но судьбы всемогущего суть для нас непостижимая тайна. Пребывая искони верен законам своей премудрости и благости, он творит - мы изумляемся и благоговеем - в вере и молчании благоговеть должны.

Будучи в беспрестанном восторге высочайшей радости, Евгений около вечера почувствовал в себе сильный жар. Он не хотел чувствовать его, хотел превозмогать натуру и таить сие борение; ко внутреннее состояние его скоро открылось проницательным глазам нежной его родительницы и Юлии. Страх разлился по всем нервам их. Радость, подобно летнему солнцу, скрылась за облако печальных предчувствий; буря и гром таились в недрах оного. Больного положили на постелю - послали в город за доктором - все были в смятении, но все старались еще льстить себя надеждою. Так человек по некоторому природному побуждению - может быть, счастливому - закрывает глаза свои, когда освещает его луч будущих горестей!

Евгений, несмотря на то что пламя болезни стремилось в нем охватить все протоки жизни, просил печальную мать свою и плачущую Юлию успокоиться, уверяя, что ему становится лучше; но огненные руки его и горящее лицо обличали его в неправде. Три дни, в которые ни гж. Л*, ни Юлия почти не отходили от постели и не смыкали глаз, болезнь его то усиливалась, то уменьшалась. Приехал доктор, осмотрел больного и не сказал ничего решительного. Казалось, что в пятый день было ему гораздо легче: утешение блеснуло в душах печальных. Но в шестой день пришел он в беспамятство, и доктор сказал Юлии за тайну, что нельзя ручаться за жизнь его.- Оцепенение и обморок!

Больной в беспамятстве своем часто говорил с жаром: "Я не хочу, не хочу с нею расстаться!.. Только с нею хотел бы я царствовать... Оставь меня, искуситель, и не кажись Юлии!"

В девятый день, на самом рассвете, душа Евгениева оставила бренное тело. Исступленной матери казалось, что собор святых духов принял ее в свои объятия и с громогласными песнями провожал по пространствам эфира. После сей небесной мечты она почувствовала в себе бодрость и могла утешать Юлию, которая упала на грудь мертвого и в отчаянии восклицала: "Друг, супруг мой! Постой, постой! Умрем вместе!" Насилу могли вывести ее из комнаты.

Через три дни надлежало погребать тело. Все дворовые люди и крестьяне присутствовали при сем печальном обряде и проливали горькие слезы. Всякий хотел нести гроб и тем оказать последний долг покойному. За гробом шла несчастная мать в длинном черном платье. Немая горесть изображалась на лице ее, но сквозь глубокие черты сей горести сияла твердость и всякая надежда на небесное подкрепление. Бледная, изнемогшая Юлия не могла сама идти, ее вели две женщины под руки в некотором отдалении от гроба. Ни одной капли слез не видно было в глазах ее, и никаких жалоб уста ее не произносили, но в сердце своем чувствовала она всю тягость свершившегося удара.

Унылый глас похоронных песней и вид гроба, опускаемого в землю, не могли поколебать мужества гж. Л*. Но Юлия не могла уже вынести сей последней сцены, громко закричала и едва было без чувств не упала в могилу, но гж. Л* успела схватить и удержать ее.

Так скрылся из мира нашего любезный юноша. Прости, цвет добродетели и невинности! Прах твой покоится в объятиях общей матери нашей, но дух, составлявший истинное существо твое, плавает в бесчисленных радостях вечности, ожидая своей любезной, с которою не мог он здесь соединиться вечным союзом. Прости!

Гж. Л* и Юлия лишились в сей жизни всех удовольствий и живут во всегдашнем меланхолическом уединении. Самая природа, бывшая некогда для них источником радостей, представляется им мрачною и запустевшею. Единственную отраду свою находят они в молитве и в помышлении о будущей жизни. В следующую весну Юлия насадила множество благовонных цветов на могиле своего возлюбленного; будучи орошаемы ее слезами, они распускаются там скорее, нежели в саду и на лугах. Молодые деревенские девушки и мальчики празднуют подле сей могилы пришествие прекрасного мая, но отцы их и матери никогда без тяжелого вздоха мимо ее не проходят.

Один молодой чувствительный человек, проезжавший через деревню гж. Л* и слышавший сию печальную повесть, посетил гроб Евгениев и на белом камне, лежавшем между цветов на могиле, написал карандашом следующую эпитафию, которая после была вырезана на особливом мраморном камне:

Сей райский цвет не мог в сем мире распуститься -
Увял, иссох, опал - и в рай был пренесен.

ЮЛИЯ

Женщины жалуются на мужчин, мужчины - на женщин. Кто прав? Кто виноват? Кому решить тяжбу? Если мне, то я, ничего не слушая и не разбирая, оправдаю... любезнейших, следственно,- женщин?.. Без сомнения. Но мужчины будут недовольны моим решением, докажут мое пристрастие, объявят, что я подкуплен... милым взором какой-нибудь Лидии, приятною улыбкою какой-нибудь Арефы, перенесут дело в вышний суд, и приговор мой останется - увы! - без всякого действия.

Вот маленькое предисловие к следующей повести. Юлия была украшением нашей столицы; являлась - и мужчины только на нее смотрели, только ею занимались, только ее слушали. А женщины?.. Женщины тихонько говорили между собою и с лукавою усмешкою взглядывали на Юлию, стараясь заметить в ней какой-нибудь недостаток, который хотя несколько мог бы успокоить их самолюбие. Тщетное старание! Юлия сияла, как солнце, зависть искала в ней черных пятен, не находила и с болию в глазах, с отчаянием в сердце должна была... идти прочь! Нужно ли сказывать, что все молодые люди обожали Юлию и почитали за славу обожать ее? Один вздыхал, другой плакал, третий играл ролю томного меланхолика, и обо всяком, кто задумывался, говорили: "Он влюблен в Юлию!"

Что же Юлия? Любила более всего самое себя, с гордою улыбкою смотрела направо, налево и думала: "Кто мне подобен, кто меня достоин?" Думала, прошу заметить, а не показывала. Удивляясь красоте и разуму ее, всякий удивлялся между прочим и скромности ее взоров, искусство одним милым женщинам свойственное!

Но, мало-помалу приближаясь к концу второго десятилетия жизни своей, Юлия стала чувствовать, что фимиам суетности есть дым, хотя весьма приятный, но все дым, который худо питает душу. Как ни обожай себя, как ни любуйся своими достоинствами - не довольно! Надобно любить что-нибудь, кроме магической буквы Я,- и Юлия начала с большим вниманием рассматривать многочисленную толпу своих искателей. Иногда взор ее отдавал преимущество молодому Легкоуму, который в рассуждении красоты мог бы поспорить с самим Купидоном и не занимался ничем, кроме Юлии и зеркала; иногда - статному Храброну, лаврами увенчанному воину, которому недоставало только греческого платья, чтобы быть совершенным Марсом; иногда - забавному Пустослову, который, несмотря на важность судейского звания своего, вертелся на одной ноге, как Вестрис, сочинял всякий день по десяти французских каламбуров и знал наизусть лексикон анекдотов. Все - ненадолго; через минуту Легкоум казался ей безрассудным, самолюбивым мальчишкою, Храброй - видным драгуном и более ничего, Пустослов - скучною обезьяною. Наконец, глаза ее остановились на любезном Арисе, который в самом деле был любезен; весы склонились на его сторону, и сердце с разумом на сей раз согласились.

Кто был Арис? - Молодой человек, воспитанный в чужих краях под смотрением не наемного гофмейстера*, но благоразумного и нежного отца своего. Полезные и приятные знания украшали его душу, добродетельные правила - сердце. Не будучи красавцем, он нравился своею миловидностию и кроткими любезными взорами, одушевленными огнем внутреннего чувства. Он краснелся, как невинная девушка, от всякого нескромного слова, сказанного в его присутствии; говорил немного, но всегда основательно и приятно; не старался блистать ни умом, ни знаниями и слушал каждого, по крайней мере, с терпением. Чувствуют ли в свете цену таких людей? Редко. Там сусальное золото* предпочитается иногда истинному, скромность, подруга достоинств, остается в тени своей, а дерзость заслуживает венок и рукоплескание.

120

Арис любил Юлию - как не любить того, что прекрасно и любезно? Но бесчисленное множество ее обожателей устрашало его. Он смотрел на нее издали, не вздыхал, не клал руки на сердце с томным видом - одним словом, не думал представлять картинного любовника, но Юлия знала, что он любил ее страстно. Дивитесь, если угодно, проницанию красавиц! Скорее не приметят они солнца на ясном небе в полдень, нежели действия своих прелестей в глазах нежного мужчины, как бы ни хотел он, скрывать чувства свои.

Юлия отличала Ариса от других искателей, ободрила его застенчивость приятным взглядом, приятною улыбкою, начала с ним говорить, ласкать его, показывать уважение к его достоинствам, внимание к его словам, желание видеть его чаще. "Завтра вы будете в концерте, в саду; завтра вы будете к нам обедать, ужинать; вчера было у нас скучно: вы не хотели к нам приехать!" Арис не был из числа тех людей, которые малейшую ласку со стороны женщин принимают за доказательство любви и почитают себя счастливыми Адонисами тогда, когда об них и не думают; однако ж, несмотря на скромность свою, он позволил себе надеяться, а надежда для страсти есть то же, что тихий апрельский дождь для молодой зелени, что ветер для искры. Он готов был броситься на колени и сказать Юлии: "Будь моя навеки!", чего Юлия ожидала, чего она хотела, и, конечно, не для того, чтобы отвечать: нет! - как вдруг на горизонте большого света явился новый феномен, который обратил на себя общее внимание - молодой князь N*, любимец природы и счастия, которые осыпали его всеми блестящими дарами своими, знатный, богатый, прекрасный собою.

Во всех обществах говорили о молодом князе; все хвалили его, а более всех - женщины, особливо те, на которых он взглядывал ласковее, нежели на других, которым он сказал пять или шесть приятных слов. Не могли надивиться уму его даже и тогда, когда он говорил о погоде. Немудрено, разгоряченное воображение есть микроскоп, который все увеличивает в тысячу, в миллион раз, и люди с таким же упрямством могут искать остроумия там, где нет его, с каким иногда не хотят чувствовать, где оно есть.

Между тем носился по городу слух, что князь нечувствителен к женским прелестям, что Амуровы стрелы не берут его сердце, что оно. посредством тайной эластической силы сжимается и остается невредимо, что бедный Венерин сын, желая ранить его, опустошил колчан свой и все понапрасну. Какой вызов для самолюбия женщин! Какая слава для победительницы! И всякой из них казалось, что Купидон, огорченный, расплаканный, подходит к ней, берет ее за руку и с умиленным взором говорит: "Отмсти, отмсти за меня или я умру с горя!" Умереть Купидону!

Боже мой! Какой ужас! Зачем будет жить в свете без прелестного малютки? Надобно за него вступиться, надобно помочь ему, надобно отмстить и, чего бы то ни стоило, тронуть, победить, пленить нового Алькида; и все мастера в нашей столице занялись одною работою: кованием цепей по заказу красавиц {Вот отчего вошли в моду золотые цепи, которые за несколько месяцев перед сим гремели и сияли на всех наших молодых женщинах!}. Страшись, ветреный князь! Но князь улыбался, расхаживал, как гордый лебедь, и в одном публичном собрании встретился с Юлиею. За ним все красавицы, за нею все молодые люди, какая встреча! Они посмотрели друг на друга: какой взор! Юлия затмевала женщин, князь N* - мужчин. "Он должен любить Ер!".- думали первые. "Она должна любить его!" - думали последние. Те и другие потупили глаза в землю, простились с надеждою и разошлись в разные стороны. Один Арис остался подле Юлии. Он начал говорить, ему отвечали сухо, коротко; казалось, что она была в рассеянии.

На другой день Арис приехал к Юлии, но головная боль не позволила ей выйти из своей комнаты. На третий он увидел ее на бале: князь сидел подле нее, князь танцевал с нею, князь занимал ее приятным своим разговором. Арису поклонились учтиво,- учтиво, более ничего. Спросили, здоров ли он, и не дождались ответа. Арис подошел с другой стороны - его не приметили - и как приметить? Он подошел не оттуда, где сидел князь. Бедный Арис! Догадайся. Ты мог быть счастлив, но минута прошла! Что делать? - Удалиться. Он то и сделал; не нужно сказывать, с каким чувством... Оставим его. Пусть он поплачет в уединении и, если можно, забудет милую ветреницу.

Между тем Юлия восхищалась князем. Молча, казался он ей Антиноем[38]; когда говорил - Цицероном; когда говорил: "Юлия, я обожаю тебя!" - полубогом. Он не обманывал и в самом деле пленился ее красотою так, что не хотел быть ни в одном концерте, где не пела Юлия, ни на одном бале, где не танцевала Юлия, ни на одном гульбище, где не гуляла Юлия. Он любил прежде играть в карты - для Юлии оставил их. Любил часа по три в день проводить с английскими лошадьми своими - для Юлии забыл их. Любил спать до двух часов за полдень - для Юлии переменил образ жизни и редко не просыпался в полдень, чтобы на крыльях Зефира или по крайней мере в великолепной английской карете лететь к Юлии. Такая любовь не шутка. Вы скажете, что в рыцарские времена любили иначе. Государи мои! Всякий век имеет свои обычаи: мы живем в осьмом на десять! Красавицы наши снисходительны и жалостливы, ни которая из них, сидя в ложе, не бросит перчатки на гриву

---

[38] Славный красавец, которому император Адриан посвятил храм.

разъяренного льва и не пошлет за нею своего рыцаря {Это случилось во Франции, при короле Франциске I, в то время, когда звериные сражения были любимою забавою двора. Одна молодая дама, сидя в амфитеатре, нарочно уронила перчатку свою на то место, где сражались львы, и сказала рыцарю Делоржу: "Подними ее или ты меня не любишь!"} для того, что рыцарь не пойдет за нею!

Юлия думала, что князь не мог жить без нее; только ей казалось чудно, что он, говоря беспрестанно о сердце, никогда не упоминал о руке. Многие из приятельниц тихонько поздравляли ее с таким завидным женихом, но жених молчал. Наконец, она дала ему почувствовать свое удивление. Нежный князь оскорбился.

- Юлия сомневается в силе прелестей своих! - сказал он с жаром.- Юлия хочет променять огненного Амура на холодного Гименея! Милую улыбку первого - на вечную угрюмость последнего! Гирлянду розовую - на цепь железную! О Юлия! Любовь не терпит принуждения, одно слово - и все блаженство исчезнет! Мог ли бы Петрарка в узах брака любить свою Лауру так пламенно? Ах нет! Воображение его не произвело бы ни одного из тех нежных сонетов, которыми я восхищаюсь. Так любить должно, и такой любви достойна Юлия!

Между тем Юлия побледнела. Князь увидел, что его философия ей не нравится; надобно было переменить язык, чтобы успокоить красавицу.

- По крайней мере,- сказал он,- продлим, сколько можно, время любви нашей, оно уже никогда, никогда не возвратится, прелестная Юлия! - тут он вздохнул.

Юлия не могла с ним согласиться, она требовала верного слова. Князь дал его и в награждение за то хотел, чтобы она позволила ему некоторые вольности в обхождении. Всякий день присваивал он себе новое право... Два жаркие сердца бились так сильно, так близко друг ко другу... Но скромность есть нужная добродетель и для самого сказочника. К тому же, не знаю отчего, собственное сердце мое бьется так сильно, когда я воображаю себе подобные сцены... Может быть, какие-нибудь темные воспоминания... Оставим.

Оставим все подробности и скажем просто, что бывали минуты, в которые одна богиня невинности могла спасти Юлиину невинность. Она почувствовала опасность, и князь принужден был назначить день для торжественной помолвки. В ожидании сего дня он истощил все возможные хитрости, чтобы победить ее твердость, но тщетно! В самое то время, когда ей по всем человеческим вероятностям надлежало забыться, она строгим взором отсылала его от себя, по крайней мере шага на два, так, что он лишался своей надежды быть счастливо-дерзким без имени супруга.

Однажды поутру, когда Юлия открыла глаза и с первою мыслию представила себе любезного своего князя, вручили ей письмецо следующего содержания:

"Вы любезны, но что любезнее вольности? Мне горестно расстаться с Вами, но мысль о вечной обязанности еще горестнее. Сердце не знает законов и перестает любить, когда захочет. Что ж будет супружество? - Несносное бремя. Вы не хотели любить по-моему, любить только для удовольствия любви, любить, пока любишь, итак, простите! Называйте меня вероломным, если угодно, но давно говорят в свете, что клятва любовников пишется на песке и что самый легкий ветерок завевает ее. Впрочем, с такими милыми свойствами, с такими прелестями вам нетрудно найти достойного супруга... может быть, верного, постоянного! Родятся Фениксы, но я в сем смысле не Феникс* и потому оставляю Вас в покое. Меня уже нет в Москве. Простите! Князь N*".

Юлия затрепетала и, следуя обыкновению новых Дидон*, упала в обморок. Через несколько минут опомнилась для того, чтобы опять забыться. Наконец, собрав силы свои, она нашла *для* себя некоторое облегчение в том, чтобы проклинать мужчин. "Они все изверги, злодеи, вероломные; тигрица воспитала их молоком своим; под языком носят они змеиный яд, а в сердце их шипит ехидна*. Слезы их - слезы крокодиловы; поверь им - и гибель неизбежна!" Такими нежными красками писала портрет наша отчаянная Юлия. Извинительно, но справедливо ли? В одну ли форму отлиты сердца мужчин? Могут ли все отвечать за одного?.. Но человек в страсти худой логик: один кажется ему всеми и все - одним.

Не позже как на другой день узнали в городе о разрыве наших любовников. "Князь N* оставил Юлию!" - говорили мужчины, пожимая плечами. "Князь N* оставил Юлию",- говорили женщины с коварною улыбкою, и всякая из них думала: "Меня бы он не оставил!" Как показаться в свете? Юлия возненавидела его и несколько времени не выходила из своего кабинета.

Недели через две после сей истории приехал к ней Арке. Она подумала... и велела его пустить. Бедный Арис! Он должен был страдать вместе со всеми мужчинами от стрел Юлиина красноречия и слушать с видом кающегося преступника, когда бранили непостоянство и вероломных! Другой на его месте взглянул бы на Юлию такими глазами, что она, конечно бы, закраснелась и замолчала, но добрый Арис любил, не мог преодолеть страсти своей и приехал не для того, чтобы мстить огорченной красавице. Юлия довольна была его посещением; желала видеть его в другой, в третий раз - и через несколько времени сердце ее перестало кипеть гневом на мужчин. Арисова нежность, кротость, сердечные достоинства, которых в светском шуме не могла она так сильно и живо чувствовать, тронули ее душу в искренних разговорах тихого кабинета.

- Для чего,- сказала Юлия сквозь слезы,- *для* чего другие мужчины не подобны вам? Тогда нежнейшая склонность нашего сердца не была бы для нас источником тоски и горести...

Арис воспользовался сею минутою, и Юлия не могла отказаться от руки его, с тем условием, чтобы оставить навсегда коварный свет, как она говорила, стараясь загладить в мыслях своих последние черты легкомысленного князя N*.

- Коварный свет, недостойный быть свидетелем нашего благополучия, любезный Арис! Презрим суетность его - он мне несносен - и удалимся в деревню!

- Все дни мои,- отвечал он с радостными слезами,- будут посвящены твоему удовольствию, несравненная Юлия! Я рад жить с тобою на краю мира; никогда, никогда не оскорблю тебя ни взором, ни упреком, ни жалобою. Воля твоя - мой закон! Ты делаешь меня счастливым: угадывать твои желания, исполнять их, зависеть от тебя совершенно есть священный долг моей благодарности!

Арис не обманет Юлии; а Юлия - увидим!

Первые шесть или семь недель протекли для них в деревне, как шесть или семь веселых дней. Добродетельный супруг восхищался прелестною супругою всякий час, всякую минуту. Юлия была чувствительна к его нежности, и сердца их сливались в тихих восторгах. Казалось, что сама природа брала участие в их радостях: она цвела тогда во всем пространстве садов своих. Везде благоухали ясмины и ландыши; везде пели соловьи и малиновки; везде курился фимиам любви, и все) питало удовольствиями любовь наших супругов.

"Боже мой! - говорила Юлия.- Как могут люди жить в городе! Как могут они выезжать из деревни! Там шум и беспокойство; здесь чистое, невинное удовольствие. Там вечное принуждение; здесь покой и свобода, Ах, друг мой!., (с умильным взором брала она Арисову руку и прижимала ее к своей груди)... ах, друг мой! Только в одной сельской тишине, в одних объятиях натуры чувствительная душа может насладиться всею полнотою любви и нежности!"

В конце лета Юлия все еще хвалила сельскую жизнь, хотя и не с таким уже красноречием, не с таким жаром. Но за красным летом следует мрачная осень. Цветы и в поле и в саду увяли; зелень поблекла; листья слетели с деревьев; птички... бог знает, куда девались - и все стало так печально, так уныло, что Юлия потеряла всю охоту хвалить деревенское уединение. Арис приметил, что она, смотря в окно, часто закрывала белым платком алый свой ротик и что белый платок, как будто бы от веяния Зефира, поднимался на нем и опускался, то есть, сказать просто, Юлия зевала! Арис вздохнул, взял том "Новой Элоизы"*, развернул и прочитал несколько страниц... о блаженстве взаимной любви. Юлия перестала зевать, слушала и наконец сказала:

- Прекрасно! Только знаешь ли, мой друг? Мне кажется, что Руссо писал более по воображению, нежели по сердцу. Хорошо, если бы так было, но так ли бывает в самом деле? Удовольствие счастливой любви есть, конечно, первое в жизни, но может ли оно быть всегда равно живо, всегда наполнять душу? Может ли заменить все другие удовольствия? Может ли населить для нас пустыню? Ах! Сердце человеческое ненасытимо, оно хочет беспрестанно чего-нибудь нового, новых идей, новых впечатлений, которые, подобно утренней росе, освежают внутренние чувства его и дают им новую силу. Например, я думаю, что самая пылкая любовь может простыть в совершенном уединении; она имеет нужду в сравнениях, чтобы тем более чувствовать цену предмета своего.

Арис вздохнул и сказал:

- Я не так думал, но... мы завтра едем в город!

Юлия снова явилась в свете, и с новым блеском красоты своей, с богатством, с пышностию: довольно - свет принял ее с рукоплесканием, и розы со всех сторон посыпались на Юлию. Веселие за веселием, удовольствие за удовольствием - так, как и прежде - с тою разницею, что замужняя женщина имеет еще более удобности наслаждаться всеми приятностями светской жизни.

Героиня наша хотела жить открытым домом, и по крайней мере четыре раза в неделю ужинало у нее 30 или 40 человек. Арис молчал, делал все, что ей угодно было. Юлия чувствовала сию нежность и, оставаясь с ним наедине, награждала его за то восхитительными своими ласками. "Не правда ли, друг мой,- говорила она с прелестною улыбкою,- что городские забавы и разнообразие предметов еще более оживляют любовь нашу? Сердце мое, утомленное светским шумом, наслаждается покоем в твоих объятиях". Арис вздыхал так тихо, что Юлия не слыхала того.

Но однажды ввечеру Арис изменился в лице: между гостями, приехавшими к Юлии, увидел он князя N*! Сердце его затрепетало, однако ж через несколько минут сие невольное движение укротилось. Разум сказал сердцу: молчи!-и Арис подошел к князю с учтивым приветствием. Только во весь тот вечер *боялся* он пристально смотреть на Юлию, чтобы не привести ее в замешательство, чтобы она не перетолковала его взоров в худую сторону и не нашла в них какого-нибудь подозрения, беспокойства, неудовольствия.

После ужина, когда все разъехались, Юлия села на софу, взяла Ариста за руку и сказала ему с улыбкою:

- Ты видел, мой друг, с какою холодною учтивостию обходилась я с князем N*. Не принять его, отказать ему от дома было бы с моей стороны неблагоразумно. Пусть видит этот легкомысленный Нарцисс, что он мне ничего, что прошедшее заблуждение не оставило в душе моей никаких следов, что я не имею причины бояться сердца своего и что он не может привести меня в краску.

Арис... Арис поцеловал ее руку и отдал справедливость благоразумию супруги своей!

Через два дни опять ужин, и князь опять явился вместе с прочими гостями; был весел, забавен, говорил с хозяйкою более, нежели с кем-нибудь; о хозяине не думал, взглядывал на него почти с презрением и вел себя как должно модному человеку. Коротко сказать, он не пропускал случая быть у Юлии. "Как весело в ее доме!" - говорили мужчины и женщины. "Хозяйка любезна, как ангел",- говорили первые. "Милый князь разливает вокруг себя удовольствием",- говорили последние.

Между тем начались толки. Одни с усмешкою смотрели на Ариса, другие пожимали плечами. "Чему дивиться? - шептали друг другу на ухо,- старая дружба! Теперь же и менее опасности. Муж тих, скромен - и все с концом!"

Арис не переменялся в рассуждении Юлии, но скоро увидел в ней перемену. Иногда она задумывалась, бледнела, хотела быть одна; через час лицо ее покрывалось нежнейшим румянцем, она бросалась в объятия супруга своего, целовала его с жаром, хотела что-то сказать и не говорила ни слова. Скромный Арис также молчал; иногда слезы катились из глаз его, но кто был их свидетелем? - тихое уединение, самая густая аллея в саду его, которая, после Юлии, сделалась ему всего милее. Арису казалось, что хладные тени ее с чувством прикасались к его сердцу и согревались его теплотою.

В один день, перед вечером он приехал домой и спешил в любимую свою аллею; входит и видит князя N*, сидящего на дерновом канапе подле Юлии, которая, опустив голову на плечо к нему, смотрела в землю. Он целовал ее руку и говорил: "Ты меня любишь, и я должен умереть в твоих объятиях! Юлия! Тебе ли иметь предрассуждения? Следуй влечению своего сердца, следуй..." Но Юлия услышала шорох, взглянула - и затрепетала... Пусть всякий вообразит себя на месте бедного Ариса!.. Что делать? Заколоть их одним кинжалом, утолить кровию жажду справедливого мщения, а потом ... умертвить и самого себя?.. Нет! Арис сражался с собою не долее минуты; она была ужасна, но он усмирил кипящее сердца и скрылся! Человек, который видел его выходящего из аллеи, сказывал мне, что лицо его было бледно, как полотно, что ноги его приметно дрожали, что из сердца его, как будто бы насильно, вырывался какой-то глухой стон, что он взглянул на небо и, вздохнув несколько раз сряду, вдруг пошел скорыми шагами. В тот же вечер принесли к Юлии следующее письмо:

"Я не нарушил данного слова, не оскорбил тебя ни жалобою, ни укоризною, надеялся на силу нежности и любви моей, обманулся и должен терпеть! После того что я видел и слышал... нам нельзя жить вместе. Не хочу обременять тебя моим присутствием. Права супружества несносны, когда любовь не освящает их. Юлия, прости!.. Вы свободны! Забудьте, что у Вас был супруг, долго или никогда об нем не услышите! Океан разделит нас. Не будет у меня ни отечества, ни друзей; будет одно чувство для горести и меланхолии! В приложенном пакете найдете бумагу, по которой можете располагать моим имением; найдете еще портрет бывшей супруги моей... Нет, я возьму его с собою: буду говорить с ним как с тению умершего друга, как с единственным и последним милым предметом умирающего сердца!"

Надобно знать, что Юлия, увидев Ариса в аллее, несколько минут сидела безмолвно, потом бросилась вслед за ним, назвала его два раза именем... голос ее прервался, ноги подогнулись - она должна была опереться на плечо князю и едва могла дойти до дому. Там, не видя Ариса, упала на софу, закрыла лицо руками и не говорила ни слова. Тщетно приступал к ней услужливый князь; тщетно старался успокоить ее - она молчала.

Дрожащею рукою схватила Юлия письмо Арисово - прочитала его - и слезы в три ручья покатились из глаз ее. Князь хотел взять письмо...

- Постой! - сказала она твердым голосом.- Ты не можешь его читать: оно писано добродетельным!.. Туман рассеялся - и я презираю себя!.. О женщины! Вы жалуетесь на коварство мужчин: ваше легкомыслие, ваше непостоянство служит им оправданием. Вы не чувствуете цены нежного, добродетельного сердца; хотите нравиться всему свету, гоняетесь за блестящими победами и бываете жертвою суетности своей[39]. Государь мой! Вы видите меня в последний раз. Обманывайте других женщин, смейтесь над слабыми, только прошу забыть, оставить меня навсегда. Я не обвиняю никого, кроме собственной безрассудности моей, в свете не будет вам недостатка в удовольствиях, но я гнушаюсь вами и всеми, подобными вам. Клянусь самой себе, что отныне дерзкий порок не

---

[39] "У места ли такая выходка? - скажет критик.- Может ли женщина в таком случае проповедовать мораль?" - "Может, отвечаю ему, может, может! А доказательство объявлю после".

осмелится взглянуть мне прямо в глаза. Дивитесь скорой перемене, верьте ей иль не верьте, для меня все одно,- сказала и, как молния, исчезла.

Князь стоял, подобно неподвижной статуе, наконец опомнился, засмеялся - искренно или притворно, оставим без решения - сел в карету и поехал в спектакль.

Юлия, узнав, что Арис уехал из Москвы неизвестно куда и только с одним камердинером, сама немедленно оставила город и удалилась в деревню. "Здесь протекут дни мои в безмолвном уединении,- сказала она со вздохом.- Сельский домик! Я могла, но не умела быть счастлива в тихих стенах твоих; я вышла из тебя с достойнейшим, нежнейшим супругом; возвращаюсь одна, бедною вдовою, но с сердцем, любящим добродетель. Она будет моим утешением, моим товарищем, моею подругою, я буду рассматривать, буду целовать образ ее в чертах незабвенного Ариса!" В сию минуту слезы ее капали на портрет его, который она в руках держала.

Надобно отдать справедливость вам, любезные женщины: когда вы на что-нибудь решитесь, не в минуту легкомыслия, не словом, но душою и с глубоким чувством истины, твердость ваша бывает тогда удивительна, и славнейшие герои постоянства, которых до небес возносит история, должны разделить с вами лавры свои.

Юлия, которая на тоненький волосок была от того, чтобы сделаться новою Аспазиею, новою Лаисою,- Юлия сделалась вдруг ангелом непорочности. Все суетные желания замерли в ее сердце; она посвятила жизнь свою памяти любезного супруга, воображала его стоящего перед собою, изливала перед ним свои чувства, говорила: "Ты меня оставил, ты имел право оставить меня, не смею желать твоего возвращения, желаю только спокойствия любезной душе твоей; желаю, чтобы ты забыл супругу свою, если образ ее мучит твое сердце. Будь счастлив, где бы ты ни был! Со мною милая тень твоя, со мною воспоминание любви твоей: я не умру с горести! Хочу жить, чтобы ты имел в свете нежного друга, может быть, посредством тайной симпатии сердце твое, не взирая на разлуку, на пространство, которое нас разделяет, согреется, оживится моею любовию; может быть, погруженному в тихий сон, веющий зефир скажет тебе: Арис не один в мире - откроешь милые глаза свои и вдалеке, в тумане увидишь горестную Юлию, которая следует за тобой своим духом, своим сердцем; может быть... Ах! Я против воли своей желаю... Нет, нет! Хочу обожать его без всякой надежды!"

В душе ее царствовало тихое уныние, более приятное, нежели мучительное. Добродетельные чувства не совместны с тоскою: самые горькие слезы раскаяния имеют в себе нечто сладкое. Прекрасна и заря добродетели, а что иное есть раскаяние?

Скоро Юлия узнала, что она беременна - новое, сильное чувство которое потрясло ее!.. Радостное или печальное?.. Юлия несколько времени сама не могла разобрать идей своих. "Я буду матерью?.. Но кто возьмет на руки младенца с нежною улыбкою? Кто обольет его слезами любви и радости? Кому скажу я: вот сын наш! вот дочь наша! Несчастный младенец! Ты родишься сиротою, и образ горести будет первым предметом открывающихся глаз твоих!.. Но... так угодно провидению. Новая обязанность жить и терпеть без роптания! Родись, милый младенец! Сердце мое будет тебе отцом и матерью. Я утешусь для тебя и тобою: не оскорблю нежной души твоей ни горестными вздохами, ни мрачным видом! Одна любовь ожидает тебя в моих объятиях, и час твоего рождения обновит жизнь мою!"

Юлия хотела приготовить себя к священному званию матери. "Эмиль" - книга единственная в своем роде* - не выходила из рук ее. "Я не умела быть добродетельною супругою,- говорила она со вздохом,- по крайней мере буду хорошею матерью и небрежение одного долгу заглажу верным исполнением другого!"

Она считала дни и минуты, пристрастилась заранее к милому младенцу, еще невидимому, заранее целовала его в мыслях своих, называла всеми нежными именами, и всякое его движение было для нее движением радости.

Он родился - сын - прекраснейший младенец, соединенный образ отца и матери. Юлия не чувствовала болезни, не чувствовала слабости: им, им только занималась, им дышала; плакала - улыбалась, чтобы заставить его улыбнуться, и сердце ее, вкусив сладкие чувства матери, открыло в себе новый источник радостей, чистейших, святых, неописанных радостей. Не уставали глаза ее, смотря на младенца, не уставал язык ее, называя его тысячу раз любезным, милым сыном! Огнем любви своей согревала она юную душу его, наблюдала ее начальные действия, от первой слезы до первой его усмешки, и вливала в него нежными взорами собственную свою чувствительность. Нужно ли сказывать, что она сама была кормилицею своего сына?

Юлии казалось, что все предметы вокруг нее переменились и сделались ласковее. Прежде она не выходила почти из комнаты своей; открытое небо, пространство, необозримые равнины питали в ее душе горестную идею одиночества. "Что я в неизмеримой области творения?" - спрашивала она у самой себя и погружалась в задумчивость. Шум реки и леса увеличивал ее меланхолию, веселье летающих птичек было чуждо ее сердцу. Теперь Юлия спешит показывать маленького любимца твоего всей натуре. Ей кажется, что солнце светит на него светлее, что каждое дерево наклоняется обнять его, что ручеек ласкает его своим журчанием, что птички и бабочки для его забавы порхают и резвятся. "Я мать",- думает она и смелыми шагами идет по лугу.

Удовольствия, которых Юлия искала некогда в свете, казались ей теперь ничтожным, обманчивым призраком в сравнении с существенным, питательным наслаждением матери. Ах! Она была бы совершенно счастлива, если бы мысль о горестном Арисе не тревожила ее сердце. "Я проливаю радостные слезы,- говорила она самой себе,- я наслаждаюсь в то время, когда он в горестном уединении скитается по свету, упрекая себя любовию к недостойной супруге! Какой ангел известит его о перемене моего сердца? Юлия могла бы... так в присутствии самого неба осмелюсь сказать, что Юлия могла бы теперь загладить перед ним вину свою!- Но он не знает, он изображает меня в объятиях порока, воображает меня мертвою для всех чувств добродетели!.. Пусть он возвратится хотя на минуту; хотя для того, чтобы видеть нашего сына! Пусть он, сказав "ты недостойна им веселиться", возьмет его у меня! Я рада лишиться всех утешений, чтобы утешить оскорбленного супруга моего... рада быть несчастлива для его благополучия! А он будет счастлив с ангелом красоты и невинности, забудет все печали!"

Между тем маленький Эраст[40] расцветал, как розан; он мог уже бегать по лугу; мог говорить Юлии: "Люблю тебя, маменька!", мог ласкать ее с чувством и нежными ручонками отирать приятные слезы, которые часто лились из глаз ее.

Однажды весною - время, которое всегда напоминало Юлии первую весну замужества ее,- она пошла гулять с маленьким своим Эрастом, села на цветущем пригорке близ дороги и - между тем как младенец резвился и прыгал вокруг ее - сняла с груди своей портрет Арисов и рассматривала его с умилением. "Таков ли он теперь? - думала Юлия.- Ах нет! Черты его, конечно, переменились. Когда живописец изображал их, он сидел против меня, смотрел на меня с любовью, был весел и счастлив! А теперь... теперь..." Взор Юлиин помрачился. Она задумалась, и легкий сон закрыл на минуту глаза ее. Беспокойная душа видит и мечты беспокойные {Ужасный сон бывает перед счастливым событием, говорит гишпанская пословица. Я воспользовался ею для окончания моей повести.}: Юлии представилось во сне необозримое море, которое шумело и пенилось под черными тучами; излучистые молнии сверкали во мраке, страшные громы гремели, и ужас носился всюду на крыльях бури. Вдруг показывается корабль, игралище, жертва волн разъяренных,- исчезает в пропастях кипящей влаги и снова является, чтобы навсегда погрузиться в бездне... Злополучные мореплаватели!.. Юлия, сидя на кремнистой скале, видит

---

[40] Имя сына ее.

гибель их и страдает в чувствительном сердце своем. Сильный вал несется к берегу, выбрасывает на песок человека и удаляется. Юлия спешит к несчастному, хочет оживить его и узнает в нем Ариса, хладного, мертвого. Она трепещет пробуждается... и видит Ариса наяву; он - в ее объятиях, и навеки! {- Откуда взялся Арис? - спросят любопытные.- Он несколько лет странствовал по чужим землям. Верный друг, оставленный им в Москве, уведомлял его о Юлии. Наконец, уверившись в ее добродетели, летел он к обожаемой супруге сказать ей: "Я не переставал обожать тебя!"}

Я знаю слабость пера своего и для того не скажу более ни слова о сей редкой сцене, ни слова о первых восклицаниях, непосредственно вылетевших из глубины сердца; ни слова о красноречивом безмолвии первых минут, ни слова о слезах радости и блаженства!.. Чтобы живее представить себе картину, читатель вообразит еще маленького Эраста которого Юлия взяла на руки и подала Арису. Младенец, наученный природою, ласкал отца своего и смотрел с улыбкою на Юлию.

Уже три года живут они в деревне, живут как нежнейшие любовники, и свет для них не существует. Арис не переменился: он всегда был деятельным мудрецом. Но Юлия примером своим доказала, что легкомыслие молодой женщины может быть иногда покрывалом или завесою величайших добродетелей.

Нежность Арисова так далеко простирается, что он не позволяет Юлии описывать черными красками прежнего ее ветреного характера. "Ты рождена быть добродетельною,- говорит Арис,- нескромное желание нравиться - плод безрассудного воспитания и худых примеров произвели минутные твои заблуждения. Тебе надлежало только один раз почувствовать цену истинной любви, цену добродетели, чтобы исправиться и возненавидеть порок. Ты удивляешься, друг мой, для чего Я молчал и не хотел говорить тебе о следствиях ветрености твоей: я был уверен, что укоризны могут скорее ожесточить сердце, нежели тронуть его чувствительность. Нежное терпение со стороны мужа есть в таком случае самое действенное средство. Выговоры, упреки заставили бы тебя думать, что я ревнив; ты почла бы себя оскорбленною, и сердца наши могли бы навсегда удалиться друг от друга. Следствие доказало справедливость моей системы. Разлука казалась мне последним способом, который должно было употребить мне для твоего исправления. Я оставил тебя на суд собственного твоего сердца,- признаюсь, не хладнокровно, не без мучительной горести, но ведь луч надежды питал и не обманул меня! Ты моя совершенно и навеки!"

Иногда Юлия вооружается против женщин, Арис их защитник. "Поверь мне, друг мой,- говорит он,- поверь, что порочные женщины бывают от порочных мужчин: первые для того дурны, что последние не стоят лучших".

132

Арис и Юлия могут не соглашаться в разных мнениях; но в том они согласны, что удовольствие счастливых супругов и родителей есть первое из всех земных удовольствий.

ПРЕКРАСНАЯ ЦАРЕВНА И СЧАСТЛИВЫЙ КАРЛА

О вы, некрасивые сыны человечества, безобразные творения шутливой натуры! вы, которые ни в чем не можете служить образцом художнику, когда он хочет представить изящность человеческой формы! вы, которые жалуетесь на природу и говорите, что она не дала вам способов нравиться и заградила для вас источник сладчайшего удовольствия в жизни - источник любви! не отчаивайтесь, друзья мои, и верьте, что вы еще можете быть любезными и любимыми, что услужливые Зефиры ныне или завтра могут принести к вам какую-нибудь прелестную Психу, которая с восторгом бросится в объятия ваши и скажет, что нет ничего милее вас на свете. Выслушайте следующую повесть.

В некотором царстве, в некотором государстве жил-был *Царь добрый человек,* отец единой дочери, царевны прекрасной, милой сердцу родителя, любезной всякому чувствительному сердцу, редкой, несравненной. Когда *Царь добрый человек,* одеянный богатою багряницею, увенчанный венцом сапфиро-рубинным, сидел на высоком троне среди народного множества и, держа в правой руке златой скипетр, судил с правдою своих подданных; когда, воздыхая из глубины сердца, изрекал приговор должного наказания, тогда являлась *прекрасная Царевна,* смотрела прямо в глаза родителю, подымала белую руку свою, простирала ее к судящему, и пасмурное лицо правосудия вдруг озарялось солнцем милости, виновный, спасенный ею, клялся в душе своей быть с того времени добрым подданным царя доброго. Бедный ли приближался к *Царевне?* она помогала ему; печальный ли проливал слезы? она утешала его. Все сироты в пространной области *Царя доброго человека* называли ее матерью, и даже те, которых сама природа угнетала, несчастные, лишенные здравия, облегчались ее целительною рукою, ибо *Царевна* совершенно знала науку врачевания, тайные силы трав и минералов, рос небесных и ключей подземных. Такова была душа *Царевнина.* Телесную красоту ее описывали все стихотворцы тогдашних времен, как лучшее произведение искусной природы, а стихотворцы были тогда не такие льстецы, как ныне; не называли они черного белым, карлы великаном и безобразия примером стройности. В древнем книгохранилище удалось мне найти одно из сих описаний; вот верный перевод его:

"Не так приятна полная луна, восходящая на небе между бесчисленными звездами, как приятна наша милая *Царевна,* гуляющая по зеленым лугам с подругами своими; не так прекрасно сияют лучи светлого месяца, посребряя волнистые края седых облаков ночи, как сияют златые власы на плечах ее; ходит она, как гордый лебедь, как любимая дочь неба; лазурь эфирная, на которой блистает звезда любви, звезда вечерняя, есть образ несравненных глаз ее, тонкие брови, как радуги, изгибаются над ними, щеки ее подобны белым лилеям, когда утренняя заря красит их алым цветом своим; когда же отверзаются нежные уста *прекрасной Царевны,* два ряда чистейших жемчужин прельщают зрение; два холмика, вечным туманом покрытые... Но кто опишет все красоты ее?"

Крылатая богиня, называемая Славою, была и в те времена так же словоохотлива, как ныне. Летая по всей подсолнечной, она рассказывала чудеса о *прекрасной Царевне* и не могла об ней наговориться. Из-за тридевяти земель приезжали царевичи видеть красоту ее, разбивали высокие шатры перед каменным дворцом *Царя доброго человека* и приходили к нему с поклоном. Он знал причину их посещения и радовался сердечно, желая достойного супруга милой своей дочери. Они видели *прекрасную Царевну* и воспламенялись любовию. Каждый из них говорил *Царю доброму человеку:* "Царь добрый человек! Я приехал из-за тридевяти земель, тридесятого царства; отец мой владеет народом бесчисленным, землею прекрасною; высоки терема наши, в них сияет серебро и золото, отливают разноцветные бархаты. *Царь!* отдай за меня дочь свою!" - "Ищи любви ее!" - отвечал он, и все царевичи оставались во дворце его, пили и ели за столом дубовым, за скатертью *браною,* вместе с *Царем* и с *Царевною.* Каждый из них смотрел умильными глазами на прекрасную, и взорами своими говорил весьма ясно: *"Царевна! полюби меня!"* Надобно знать, что любовники были в старину робки и стыдливы, как красные девушки, и не смели словесно изъясняться с владычицами сердец своих. В наши времена они гораздо смелее, но зато *красноречие взоров* потеряло ныне почти всю силу. Обожатели *прекрасной Царевны* употребляли еще другой способ к изъявлению своей страсти, способ, который также вышел у нас из моды. А именно, всякую ночь ходили они под окно *Царевнина* терема, играли на бандурах и пели тихим голосом жалобные песни, сочиненные стихотворцами их земель; каждый куплет заключался глубокими вздохами, которые и каменное сердце могли бы тронуть и размягчить до слез. Когда пять, шесть, десять, двадцать любовников сходились там в одно время, тогда они бросали жеребий, кому петь прежде, и всякий в свою очередь начинал воспевать сердечную муку; другие же, поджав руки, ходили взад и вперед и посматривали на окно *Царевнино,* которое, однако ж, ни для кого из них не отворялось. Потом все они возвращались в свои шатры и в глубоком сне забывали любовное горе.

Таким образом проходили дни, недели и месяца. *Прекрасная Царевна* взглядывала на того и на другого, на третьего и на четвертого, но в глазах ее не видно было ничего, кроме холодного равнодушия к женихам ее, царевичам и королевичам. Наконец все они приступили к *Царю доброму человеку* и требовали единодушно, чтобы прекрасная дочь его объявила торжественно, кто из них нравен сердцу ее. "Довольно пожили мы в каменном дворце твоем,- говорили они,- поели хлеба-соли твоей и меду сладкого не одну бочку опорожнили; время, возвратиться нам во свои страны, к отцам, матерям и родным сестрам. *Царь добрый человек!* мы хотим ведать, кто из нас будет зятем твоим". *Царь* отвечал им сими словами: "Любезные гости! если бы вы и несколько лет прожили во дворце моем, то, конечно бы, не наскучили хозяину, но не хочу удерживать вас против воли вашей и пойду теперь же к *Царевне.* Не могу ни в чем принуждать ее; но кого она выберет, тот получит за нею в приданое все царство мое и будет моим сыном и наследником:". *Царь* пошел в терем к дочери своей. Она сидела за пяльцами и шила золотом, но, увидев родителя, встала и поцеловала руку его. Он сел подле нее и сказал ей словами ласковыми: "Милая, разумная дочь моя, *прекрасная Царевна!* ты знаешь, что у меня нет детей, кроме тебя, света очей моих; род наш должен царствовать и в будущие веки: пора тебе о женихе думать. Давно живут у нас царевичи и прельщаются красотою твоею, выбери из них супруга, дочь моя, и утешь отца своего!" *Царевна* долго сидела в молчании, потупив в землю голубые глаза свои; наконец подняла их и устремила на родителя, тут две блестящие слезы скатились с алых щек ее, подобно двум дождевым каплям, свеваемым с розы дуновением зефира. "Любезный родитель мой! - сказала она нежным голосом.- Будет мне время горевать замужем. Ах! и птички любят волю, а замужняя женщина не имеет ее. Теперь я живу и радуюсь; нет у меня ни забот, ни печали; думаю только о том, чтобы угождать моему родителю. Не могу ничем опорочить царевичей, но позволь, позволь мне остаться в девическом моем тереме!" *Царь добрый человек* прослезился. "Я нежный отец, а не тиран твой,- отвечал он *Царевне,-* благоразумные родители могут *управлять* склонностями детей своих, но не могут ни возбуждать, ни переменять оных; так искусный кормчий управляет кораблем, но не

135

может сказать тишине: *превратися в ветер!* или восточному ветру: *будь западным!" Царь добрый человек* обнял дочь свою, вышел к принцам и сказал им с печальным видом и со всевозможною учтивостью, что *прекрасная Царевна* ни для кого из них не хочет оставить девического своего терема. Все царевичи приуныли, призадумались и повесили свои головы, ибо всякий из них надеялся быть супругом *прекрасной Царевны.* Один утирался белым платком, другой глядел в землю, третий закрывал глаза рукою, четвертый щипал на себе платье, пятый стоял, прислонясь к печке, й смотрел себе на нос, подобно индийскому брамину, размышляющему о естестве души человеческой, шестой... Но что в сию минуту делал шестой, седьмой и прочие, о том молчат летописи. Наконец, все они вздохнули,- так сильно, что едва не затряслись каменные стены,- и томным голосом принесли хозяину благодарность за угощение. В одно мгновение белые шатры перед дворцом исчезли, царевичи сели на коней и с грусти помчались во весь дух, каждый своею дорогою; пыль поднялась столбом и опять легла на свое место.

В царском дворце стало все тихо и смирно, и *Царь добрый человек* принялся за обыкновенное дело свое, которое состояло в том, чтобы править подданными, как отец правит детьми, и распространять благоденствие в подвластной ему стране,- дело трудное, но святое и приятное! Однако ж у хлебосола редко бывает без гостей, и скоро по отъезде принцев приехал к царю странствующий астролог, гимнософист, маг, халдей, в высокой шапке, на которой изображены были луна и звезды, прожил у него несколько недель, водил за стол *прекрасную Царевну,* как должно учтивому кавалеру, пил и ел по-философски, то есть за пятерых, и беспрестанно говорил об умеренности и воздержании. Царь обходился с ним ласково, расспрашивал его о происшествиях света, о звездах небесных, о рудах подземных, о птицах воздушных и находил удовольствие в беседе его. К чести сего странствующего рыцаря должно сказать, что он имел многие исторические, физические и философические сведения, и сердце человеческое было для него не совсем *тарабарскою грамотою,* то есть он знал людей и часто угадывал по глазам самые сокровеннейшие их чувства и мысли. В нынешнее время назвали бы его - не знаю чем, но в тогдашнее называли мудрецом. Правда, что всякий новый век приносит с собою новое понятие о сем слове. Gen мудрец, собравшись, наконец, ехать от *Царя доброго человека,* сказал ему сии слова: "В благодарность за твою ласку,- (и *за твой хороший стол,-* мог бы он примолвить),- открою тебе важную тайну, важную для твоего сердца. *Царь добрый человек!* Ничто не скрыто от моей мудрости, не сокрыта от нее и душа твоей дочери, *прекрасной Царевны.* Знай, что она любит и хочет скрывать любовь свою. Растение, цветущее во мраке, прозябает и лишается красоты своей; любовь есть цвет души. Я не могу сказать более. Прости!" Он пожал у *Царя* руку, вышел, сел на осла и поехал в иную землю.

Царь добрый человек стоял в изумлении и не знал, что думать о словах мудрецовых: верить ли им или не верить, как вдруг явилась *Царевна*, поздравила отца своего с добрым утром и спросила, спокойно ли спал он в прошедшую ночь? "Очень беспокойно, любезная дочь моя! - отвечал *Царь добрый человек*.- Душу мою тревожили разные неприятные сны, из которых один остался в моей памяти. Мне казалось, что я вместе со многими людьми пришел к дикой пещере, в которой смертные узнавали будущее. Всякий из нас желал о чем-нибудь спросить судьбу; всякий по очереди входил в сумрачный грот, освещенный одною лампадою, и писал на стене вопрос, через минуту на том же месте огненными буквами изображался ответ. Я хотел знать, скоро ли будут у меня милые внучата? и к ужасу моему увидел сии слова: *может быть, никогда*. Рука моя дрожала, но я написал еще другие вопросы: *Разве у дочери моей каменное сердце? разве она никогда любить не будет?* Последовал другой ответ: *Она уже любит, но не хочет открыть любви своей и крушится втайне*. Тут слезы покатились из глаз моих; тронутое мое сердце излилось в нежных жалобах на тебя, *прекрасная Царевна! Чем я заслужил такую неискренность, такую недоверенность? Будет ли отец врагом любезной своей дочери? Могу ли противиться сердечному твоему выбору, милая Царевна? Не всегда ли желания твои были мне законом? Не бросался ли я на старости лет моих за тою бабочкою, которую ты хвалила? Не собственною ли рукою поливал я те цветочки, которые тебе нравились?"* Тут *Царевна* заплакала, схватила руку отца своего, поцеловала ее с жаром, сказала: "Батюшка! батюшка!" - взглянула ему в глаза и ушла в свой терем.

"Итак, мудрец сказал мне правду,- размышлял *Царь добрый человек*,- она не могла скрыть своего внутреннего движения. Жестокая! думал ли я... И для чего таить? Для чего было не сказать, который из царевичей пленил ее сердце? Может быть, он не так богат, не так знатен, как другие; но разве мне надобны богатства и знатность? Разве мало у меня серебра и золота? Разве он не будет славен по жене своей? Надобно все узнать". Он в ту же минуту решился идти к *прекрасной Царевне*, подошел к дверям ее терема и услышал голос мужчины, который говорил: "Нет, *прекрасная Царевна!* никогда отец твой не согласится признать меня зятем своим!" Сердце родителя сильно затрепетало. Он растворил дверь... Но какое перо опишет теперь его чувства? Что представилось глазам его? Безобразный придворный карла, с горбом напереди, с горбом назади, обнимал *Царевну*, которая, проливая слезы, осыпала его страстными поцелуями! Царь окаменел. *Прекрасная Царевна* бросилась перед ним на колени и сказала ему твердым голосом: "Родитель мой! умертви меня или отдай за любезного, милого, бесценного карлу! Никогда не буду супругою другого. Душа моя живет его душою, сердце мое его сердцем. В жизни и в смерти мы неразлучны". Между тем карла стоял покойно и смотрел на царя с почтением, но без робости. Царь долго был неподвижен и безгласен. Наконец, воскликнув: "Что я вижу? что слышу?", упал на кресла. *Царевна* обнимала его колени. Он взглянул на нее так, что прекрасная не могла снести сего взора и потупила глаза в землю. *"Ты, ты..."* - голос его перервался. Он посмотрел на карлу, вскочил, хлопнул дверью и ушел.

"Как, как могла *прекрасная Царевна* полюбить горбато-то карлу?" - спросит, или не спросит, читатель. Великий Шекспир говорит, что причина любви бывает без причины: хорошо сказано для поэта! но психолог тем не удовольствуется и захочет, чтобы мы показали ему, каким образом родилась сия склонность, по-видимому невероятная. Древние летописи, в изъяснение такого нравственного феномена, говорят следующее.

Придворный карла был человек отменно умный. Видя, что своенравная натура произвела его на свет маленьким уродцем, решился он заменить телесные недостатки душевными красотами, стал учиться с величайшею прилежностью, читал древних и новых авторов и, подобно афинскому ритору Демосфену, ходил на берег моря говорить волнам пышные речи, им сочиняемые. Таким образом скоро приобрел он сие великое, сие драгоценное искусство, которое покоряет сердца людей и самого нечувствительного человека заставляет плакать и смеяться, то дарование и то искусство, которым фракийский Орфей пленял и зверей, и птиц, и леса, и камни, и реки, и ветры - *красноречие!* Сверх того он имел приятный голос, играл хорошо на арфе и гитаре, пел трогательные песни своего сочинения и мог прекрасным образом оживлять полотно и бумагу, изображая на них или героев древности, или совершенство красоты женской, или кристальные ручейки, осеняемые высокими ивами и призывающие к сладкой дремоте утомленного пастуха с пастушкою. Скоро слух о достоинствах и талантах чудного карлы разнесся по всему городу и всему государству. Все искали его знакомства: и старые, и молодые, и мужчины, и женщины - одним словом, умный карла вошел в превеликую моду. Важная услуга, оказанная им отечеству... Но о сем будет говорено в другом месте.

Когда *прекрасной Царевне* было еще не более десяти или двенадцати лет от роду, умный карла ходил к ней в терем сказывать сказки о благодетельных феях и злых волшебниках, под именами первых описывал он святые добродетели, которые делают человека счастливым, под именами последних гибельные пороки, которые ядовитым дыханием своим превращают цветущую долину жизни в юдоль мрака и смерти. *Царевна* часто проливала слезы, слушая горестные похождения любезных принцев и принцесс, но радость сияла на прекрасном лице ее, когда они, преодолев наконец многочисленные искушения рока, в объятиях любви наслаждались всею полнотою земного блаженства. Любя повести красноречивого карлы, неприметно полюбила она и повествователя, и проницательные глаза ее открыли в нем самом те трогательные черты милой чувствительности, которые украшали романтических его героев. Сердце ее сделало, так сказать, нежную привычку к его сердцу, у которого научилось оно чувствовать. Самая наружность карлы стала ей приятна, ибо сия наружность была в глазах ее образом прекрасной души; и скоро показалось царевне, что тот не может быть красавцем, кто ростом выше двадцати пяти вершков и у кого нет напереди и назади горба. Что принадлежит до нашего героя, то он, не имея слепого самолюбия, никак не думал, чтобы *Царевна* могла им плениться, а потому и сам был почти равнодушен к ее прелестям, ибо любовь не рождается без надежды. Но когда в минуту живейшей симпатии прекрасная сказала ему: "Я люблю тебя!", когда вдруг открылось ему поле такого блаженства, о котором он прежде и мечтать не осмеливался, тогда в душе его мгновенно воспылали глубоко таившиеся искры. В восторге бросился он на колени перед *Царевною* и воскликнул в сладостном упоении сердца: *ты моя!* Правда, что он скоро образумился, вспомнил высокий род ее, вспомнил себя и закрыл руками лицо свое, но Царевна поцеловала его и сказала: *"Я твоя или ничья!"* Девическая робость не позволяла ей открыться родителю в своей страсти.

"Сия любовь *прекрасной Царевны* хотя и к умному, но безобразному карле,- говорит один из насмешников тогдашнего времени,- приводит на мысль того царя древности, который смертельно влюбился в лягушечьи глаза и, созвав мудрецов своего государства, спросил у них, что всего любезнее? *"Цветущая юность"*,- отвечал один по долгом размышлении; *"Красота"*,- отвечал другой; *"Науки"*,- отвечал третий; *"Царская милость"*,- отвечал четвертый с низким поклоном, и так далее. Царь вздохнул, залился слезами и сказал: *"Нет, нет! Всего любезнее - лягушечьи глаза!"*

Теперь обратимся к нашей повести. Мы сказали, что *Царь добрый человек* хлопнул дверью и ушел из царевнина терема, но не сказали куда. Итак, да будет известно читателям, что он ушел в свою горницу, заперся там один, думал, думал и наконец призвал к себе карлу, потом *прекрасную Царевну*, говорил с ними долго и с жаром, но как и что, о том молчит история.

На другой день было объявлено во всем городе, что *Царь добрый человек* желает говорить с народом, и народ со всех сторон окружил дворец, так что негде было пасть яблоку. Царь вышел на балкон, и когда восклицания: *"Да здравствует наш добрый государь!"* умолкли, спросил у своих подданных: *"Друзья, любите ли вы Царевну?"* Тысячи голосов отвечали: *"Мы обожаем прекрасную!"*

Царь. Желаете ли, чтобы она избрала себе супруга?

Тысячи голосов. Ах! Желаем сердечно! Он должен

быть твоим наследником, *Царь добрый человек!* Мы станем любить его, как тебя и дочь твою любим.

Царь. Но довольны ли вы будете ее выбором?

Тысячи голосов. Кто мил *Царевне,* тот мил и твоим подданным!

В сию минуту поднялся на балконе занавес, явилась *прекрасная Царевна* в снегоцветной одежде, с распущенными волосами, которые, как златистый лен, развевались на плечах ее, взглянула, как солнце, на толпы народные, и миллионы диких людей покорились бы сему взору. Карла стоял подле нее, спокойно и величаво смотрел на волнующийся народ, нежно и страстно на *Царевну.* Тысячи восклицали: *"Да здравствует прекрасная!"*

Царь, указывая на карлу, сказал: "Вот он, тот, кого *Царевна* вечно любить клянется и с кем хочет она соединиться навеки!"

Все изумились, потом начали жужжать, как шмели, и говорили друг другу: *"Можно ли, можно ли... То ли нам послышалось? Как этому быть? Она прекрасна, она царская дочь, а он карла, горбат, не царский сын!"*

"Я люблю его",- сказала *Царевна,* и после сих слов карла показался народу почти красавцем.

"Вы удивляетесь,- продолжал *Царь добрый человек,-* но так судьбе угодно. Я долго думал и наконец даю свое благословение. Впрочем, вам известно, что он имеет достоинства; не забыли вы, может быть, и важной услуги, оказанной им отечеству. Когда варвары под начальством гигантского царя своего, как грозная буря, приближались к нашему государству; когда серп выпал из рук устрашенного поселянина и бледный пастух в ужасе бежал от стада своего, тогда юный карла, один и безоружен, с масличною ветвию явился в стане неприятельском и запел сладостную песнь мира; умиление изобразилось на лицах варварских, царь их бросил меч из руки своей, обнял песнопевца, взял ветвь его и сказал: *"Мы друзья!"* Потом сей грозный гигант был мирным гостем моим, и тысячи его удалились от страны нашей. "Чем наградить тебя?" - спросил я тогда у юного карлы. *"Твоей милостию",-* отвечал он с улыбкою. Теперь..."

Тут весь народ в один голос воскликнул: *"Да будет он супругом прекрасной Царевны! да царствует над нами!"*

Торжественная музыка загремела, загремели хоры и гимны, *Царь добрый человек* сложил руки любовников, и бракосочетание совершилось со всеми пышными обрядами.

Карла жил долго и счастливо с прекрасною своею супругою. Когда *Царь добрый человек,* после деятельной жизни, скончался блаженною смертию, то есть заснул, как утомленный странник при шуме ручейка на зеленом лугу засыпает, тогда зять его в венце сапфиро-рубинном и с златым скипетром воссел на высоком троне и обещал народу царствовать с правдою. Он исполнил обет свой, и беспристрастная история назвала его одним из лучших владык земных. Дети его были прекрасны, подобно матери, и разумны, подобно родителю.

СПИСОК

www.ingramcontent.com/pod-product-compliance
Lightning Source LLC
Chambersburg PA
CBHW020658260626
47157CB00008B/3084